健康・快適な
ZEH（ネット・ゼロ・エネルギー・ハウス）のつくり方
工務店と設計者の新常識

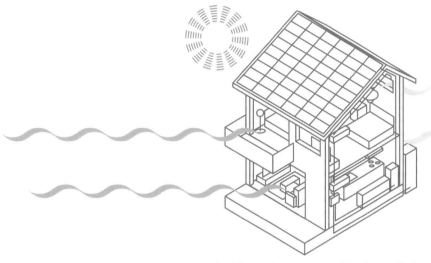

一般社団法人 ZEH推進協議会 編

荒川 源
今泉太爾
小山貴史
金田真聡
小林直昌
高橋 彰
畫場貴之
松尾和也 著

学芸出版社

まえがき

　2015年に開催されたCOP21（国連気候変動枠組条約第21回締約国会議）において全世界の国々により採択されたパリ協定では、今世紀後半までに人為的な温室効果ガス（二酸化炭素等）の排出ゼロを目指すことが合意されました。産業・運輸・業務・家庭（住宅）等あらゆる分野において脱炭素化が求められており、とりわけ現在新築されている住宅は長寿命化が著しく今世紀後半においても使用されると予測されることから、ZEH等の省エネルギー性の高い住宅の普及は喫緊の社会的課題となっています。

　2014年に閣議決定されたエネルギー基本計画において「住宅については、2020年までに標準的な新築住宅で、2030年までに新築住宅の平均でZEHの実現を目指す」とする政策目標が設定されています。経済産業省はその目標達成のために2015年にZEHロードマップをとりまとめました。さらに、2017年7月にZEHロードマップフォローアップ委員会が設置され、2020年目標の達成に向けた進捗状況に係る評価、および2030年目標の達成に向けた課題と対応の方向性等について整理した新・ZEHロードマップが2018年に取りまとめられています。

　そのZEHロードマップで定めた施策を実現するために公募された「ZEHビルダー」の登録は7023件（2018年11月28日現在）となり「ZEHビルダー」が供給する住宅は国内の新築戸建住宅市場の過半と推定される等大きな広がりを見せています。

　ZEHの新築件数は、2017年度には約4万3000件となり、注文戸建住宅を主体として順調に増加しています。国土交通省や環境省においても、ZEHを支援する事業が実施され、3省が連携してZEHの普及に取り組んでいます。2017年4月からは建築物省エネ法に基づくBELS（建築物省エネルギー性能表示制度）においてZEHマークの表示が始まりZEHの普及施策は益々加速している状況です。

　多くのハウスメーカーにおいて、温暖地におけるZEH仕様が標準ラインナップに位置付けられており、工務店等においても、標準的な仕様におけるZEHの実現が広がりつつあります。加えて、このような状況を反映し、ZEHに係る要素技術の低コスト化・高性能化も進みつつある状況です。

　これらの国のZEH普及施策や民間住宅事業者の積極的な取り組みを背景に、ZEHビルダー等の事業者を支援しZEHの普及促進を図ることを目的とし、有識者・団体・事業者の有志により、2017年に（一社）ZEH推進協議会を設立し、活動を開始いたしました。

　2017年度に約4万3000件と急速な普及を見せたZEHですが、一方で実績のなかったZEHビルダーが全体の過半を占めると報告されており、新築注文住宅のZEH率50％超という2020年の政策目標の実現に向けては大きな課題があります。2018年に公表された新・ZEHロードマップにおいては、ZEHビルダーの主な課題として「建築技能者を育成できなかった」「消費者理解を得る提案・営業ができなかった」等が指摘されています。

　このような状況を踏まえ、本書では、とりわけ新築注文住宅に掛かる事業者の「建築技能者を育成できなかった」という課題を解決するために、健康・快適なZEHのつくり方に関する基礎知識から、差別化できるワンランク上のZEHの設計手法までを一流執筆陣がわかりやすくまとめています。ZEHビルダー、ZEHプランナーの方々がより積極的にZEHに取り組むために、本書がお役に立てば幸いです。

一般社団法人 ZEH推進協議会　代表理事　小山貴史

目 次

まえがき ……………………………………………………………………………………………… 2

1章　全国の先進ZEH事例　5

case 1
平屋で段差・温度差なしのダブルバリアフリー ……………………… アイ・ホーム㈱　6

case 2
木の香りに包まれる超高断熱ZEH ……………………………………… ㈱低燃費住宅九州　10

case 3
ギリギリではなく、ゆとりをもたせた都市型ZEH ……………………… 五光ハウジング㈱　14

case 4
家の周りの微気候を整え、採り入れる ……………………………………… 相羽建設㈱　18

case 5
コンパクトな間取りの低燃費住宅 ……………………………………… ㈱アールデザイン　22

case 6
日射をコントロールした超高気密・高断熱住宅 …………………… ㈱WELLNEST HOME　26

case 7
寒冷、積雪、低日照でも快適な三世帯住宅 ……………………………… ㈱リアルウッド　30

case 8
断熱・気密と創エネを徹底した住みやすい北の家 ……………………………… 棟晶㈱　34

column 1　ドイツと日本の家づくりの違い ……………………………………………… 38

2章　ZEHの住まいのつくり方　39

2-1　ZEHの基礎知識　40
ZEHとは？／ZEHのメリット／ZEH実現のコツ／ZEHの普及に向けた政策

2-2　高断熱で夏は涼しく、冬は暖かい住宅　52
高断熱化による健康メリット／高断熱化で夏は涼しく、冬は暖かい住宅とは？／高断熱化と併せて考えたい高気密化

2-3　高効率設備でエネルギーを上手に使う　66
高効率給湯設備／省エネ換気／高効率空調設備／高効率照明（LED）で快適に省エネ／HEMSでスマートな節約／住宅用蓄電池としてのEV導入

2-4　エネルギーをつくる（太陽光発電システム）　76
太陽光発電システムとは／太陽光発電システムの発電の仕組みと種類／太陽光発電の施工について／太陽光発電、ZEH採用の現状／ZEH提案の最難所、太陽光発電導入の課題

column 2　ドイツのエネルギーシフトと住宅・建築 …………………………………… 81

2-5　ZEHの計画と設計 82
一次エネルギー消費量と外皮性能の計算プログラム／躯体性能と設備性能とのバランスの考え方

2-5 資料編　地域別ZEH基準の適合仕様例 89

U_A値 0.28（計算値）｜1・2地域の例 91
1地域　更なる強化外皮基準（旭川）、2地域　更なる強化外皮基準（札幌）

U_A値 0.38（計算値）｜3・4・5地域の例 95
3地域　更なる強化外皮基準（盛岡）、4地域　更なる強化外皮基準（仙台）
5地域　更なる強化外皮基準（新潟）

U_A値 0.46（計算値）｜3・6・7地域の例 99
3地域　強化外皮基準（盛岡）、6地域　更なる強化外皮基準（東京）
7地域　更なる強化外皮基準（宮崎）

U_A値 0.56（計算値）｜4・5・6・7地域の例 103
4地域　強化外皮基準（仙台）、5地域　強化外皮基準（新潟）、6地域　強化外皮基準（東京）
7地域　強化外皮基準（宮崎）

column 3　ドイツの既存住宅の高断熱化 107

3章　健康・快適なワンランク上の住まいをつくる　109

3-1　快適な環境を実現するプランニング 110
夏と冬の太陽の威力を正確に理解する／等時間日影図を使った設計手法／無駄をつくらない小さく納まる設計手法／気密の注意点／その他の具体的な設計上のポイント

3-2　これからの住宅とエネルギー 126
30年で建て替えは当たり前ではない／忘れてはいけない耐震性能／デザインを取るか、性能を取るかに終止符をうつために／太陽光発電の今後／卒FITと2019年問題／FITとは何を目指した制度だったのか？／卒FIT後の売電価格／卒FIT買取価格、8円前後か？／今後の給湯器はヒートポンプで決まりか？／EVの導入による自家消費率の向上

column 4　気候変動対策と世界の動向 138

column 5　ドイツのプラスエネルギーハウスと再生可能エネルギー 139

付録　ZEHに関する諸制度 140
建築物省エネ法／省エネルギー性能表示努力義務／BELS／BELS工務店／ZEHビルダー／プランナー制度

1章
全国の先進 ZEH 事例

case 1 | 平屋で段差・温度差なしのダブルバリアフリー

アイ・ホーム㈱

省エネコンセプト

　温暖な宮崎と言えども、四季の寒暖差が大きく住みづらい期間も短くない。全館空調の「マッハシステム」で1年を通じて室内の温湿度を快適にコントロールすることを目指した。また、最も注意すべき躯体性能はG2レベルとし、高断熱高気密とした。屋根断熱は200mmウレタン発泡断熱材、壁は同断熱材で120mmとし、サッシはシャノンのトリプルIIX、UF-H（U_W = 0.80W/m²・K）を使用した。

　以上のようなアクティブ設計にパッシブ設計を加味している。建物内部の温湿度環境を良好に保つために、南面の庇を深くし、初夏晩秋の日射量を削減した。窓は、ハニカムスクリーン及び外部日射遮蔽のシェードを採用している。

　なお、マッハシステムは室内の空気を循環利用すると同時に計画換気も行っている。天井裏から床下まで空気循環させているため、躯体そのものに年間を通して25℃前後の熱を伝播、吸熱させる効果がある。建物の質量は大きく、結果的に家具まで含めて蓄熱体として利用することになった。

建物概要

所在地	宮崎県宮崎市
省エネ地域区分	7地域
年間日射地域区分	A4（多い）
暖房期日射地域区分	H4（多い）
床面積	1階床：101.85m²
	2階床：　－
	延　床：101.85m²
建築面積	110.13m²
主たる居室面積	43.99m²
その他居室面積	38.07m²
非居室面積	19.79m²

アイ・ホーム㈱
本社：〒880-0212
　　　宮崎市佐土原町下那珂3569番地7
　　　TEL：0985-73-7770
　　　FAX：0985-73-7738
　　　URL：https://www.aihome.tv/

宮崎は地価が安く、土地の負担が少なくて済むため、新築戸建住宅のうち50%が平屋となっている

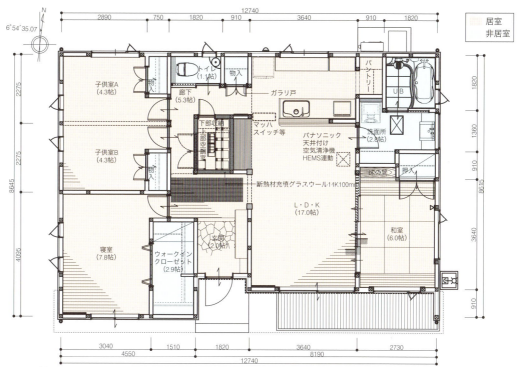

平面図／南面の掃き出し窓の上部には深い庇を出し、太陽熱取得を防ぐこととした。東西の窓の開口は少なめにした

キッチンにも奥様の書斎スペース、レシピや連絡事項の整理に重宝

和室＋LDKの大空間でも快適な室温が保てる

計算結果

外皮面積	A	339.67 m²
外皮平均熱貫流率	U_A 値	0.35 W/m²·K
冷房期の平均日射熱取得率	η_{AC} 値	0.9
暖房期の平均日射熱取得率	η_{AH} 値	1
熱損失係数（目安値）省エネ基準値～2.7W/m²·K	Q値	1.297 W/m²·K
一次エネルギー消費量	—	40.5 GJ/(戸·年)

一次エネルギー消費量

この住宅の外皮平均熱貫流率（U_A）（7地域）

BELSラベル

外皮仕様

断熱・開口部

				熱伝導率
断熱仕様				
	屋根	硬質ウレタンフォーム(吹付)	200mm厚	0.036W/m²·K
	天井	硬質ウレタンフォーム(吹付)	200mm厚	0.036W/m²·K
	外壁	硬質ウレタンフォーム(吹付)	100mm厚	0.036W/m²·K
	外壁付加断熱	—		
	基礎外断熱	—		
	基礎内断熱	A種押出法ポリスチレンフォーム	50mm厚	0.028W/m²·K
開口部				熱貫流率
	一般の窓	Low-E(G) トリプル		0.73W/m²·K
	玄関ドア	Low-E(—) 複層(—)		4.07W/m²·K
	勝手口	Low-E(—) 複層(—)		—
基礎仕様	ベタ基礎	土間コンクリート	150mm厚	

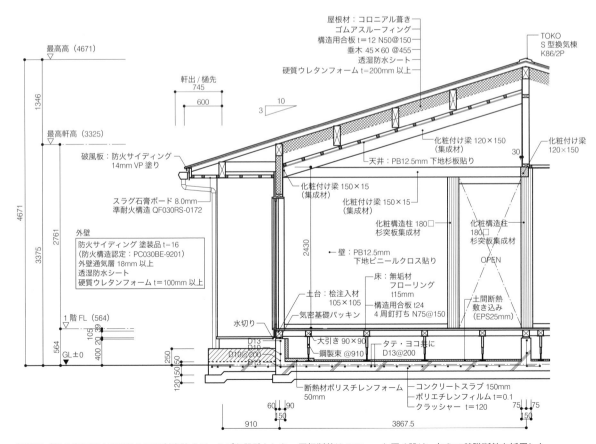

矩計図/軒の出を深くすることで日射を防ぐパッシブな設計とした。屋根断熱は200mmと厚く設け、加えて基礎断熱を採用した

ポイント

宮崎県で建てられる戸建住宅の約半分は平屋である。高齢化が著しい宮崎県ではバリアフリーの平屋が使いやすいと評価され、多くの関心を集めている。

宮崎県は南北に長く、九州山地側の西の区域は標高が高い。気候区分では7地域だが、6または5地域の寒冷な気候を踏まえて、日射取得や日射遮蔽を考えながら設計しなければ、快適で省エネな住環境は実現できない。

ZEHにおける創エネにおいて、太陽光発電を利用する場合、宮崎県は全国でもトップクラスの晴天比率なので、標準的な発電量よりも多くの創エネが期待できる。エネルギーコストはこれからも上昇することが予想されるため、ギリギリのZEHではなく、ゆとりのあるZEHを提案している。

さらに、太平洋側に長い砂浜が続く宮崎県は、南海トラフ地震による地震災害が予測される地域でもある。そのため設計では、何よりも耐震性能を重視しており、住宅設計性能評価と住宅建設性能評価を全棟で実施し、耐震等級3、耐風等級2(台風の多い地域)を標準化している。

加えて、制震ダンパーとして「ミューダム」を標準設置している。ミューダムは、鋼材でアルミニウムを挟み込む構造になっていて、摩擦による運動エネルギーを熱エネルギーに変換させる原理を用いて地震の揺れを吸収する。こうした技術を導入することで、さらに安全安心の住まいづくりに努めている。

設備仕様

自然活用

通風の利用	主たる居室	利用しない
	その他居室	利用しない
蓄熱の利用	利用しない	

空調設備

冷暖房方式	その他の冷暖房設備機器		
	主たる居室	定格能力	暖房 5.0kW／冷房 4.07kW
		定格消費電力	暖房 970W／冷房 960W
		COP	暖房 **5.15**／冷房 **4.16**
	その他居室	定格能力	暖房 5.0kW／冷房 4.07kW
		定格消費電力	暖房 970W／冷房 960W
		COP	暖房 **5.15**／冷房 **4.16**
	エネルギー消費効率の区分	（い）	
その他の暖房	なし		

換気

換気方式	ダクト式第1種換気設備
消費電力／風量	25.5W／98m³/h
換気回数	0.58回/h
温度交換効率	69%
有効換気量率	94%
比消費電力合計	0.26W/(m³/h)

給湯

熱源機の種類	電気ヒートポンプ給湯器
	年間給湯保温効率：3.3／風呂機能の種類：追焚保温あり
配管方式	ヘッダー方式（13A以下）
台所水栓	2バルブ水栓以外
	手元止水機能：採用しない／水優先吐水機能：採用する
浴室シャワー水栓	2バルブ水栓以外
	手元止水機能：採用しない／小流量吐水機能：採用する
洗面水栓	2バルブ水栓以外
	水優先吐水機能：採用する
浴槽	浴槽保温措置：採用する

照明

主たる居室（設置有）	電灯種別	LED電灯
	調光	採用する
	多灯分散方式	採用しない
その他居室（設置有）	電灯種別	LED電灯
	調光	採用する
非居室（設置有）	電灯種別	LED電灯
	人感センサー	採用する

太陽光発電

アレイの種類	結晶シリコン系の太陽電池		
システム容量	6.12kW	パネル方位角	真南から東・西15度未満
アレイ設置方法	屋根置き型	パネル傾斜角	20度

備考

HEMS、蓄電システム

case 2 | 木の香りに包まれる超高断熱 ZEH

㈱低燃費住宅九州

省エネコンセプト

計画地は都市近郊部で隣棟も近く、敷地方位として真南より約30度程振れている環境である。入念な日射取得・遮蔽計画を行い、効率的な採光を目指した。

まず、暖房期の日射取得計画として、南・西面を中心に開けたファサードとし、さらに吹き抜けを設けることで、隣棟が近い敷地でも積極的な日射取得を目指した。次に、冷房期の日射遮蔽計画としては、南・西面を中心に外部シェードを設置し、真南より約30度程振れていることで、庇や隣棟遮蔽等で防ぎきれない日射の調整を可能にしている。

以上のパッシブ設計と高性能躯体を組み合わせることにより、極力エアコンに頼らず、稼働時も1台で全館をまかなうことを目指した。また、エアコンは吹き抜け付近を中心に空気を循環させるよう設置し、ダクト式熱交換換気と合わせて全館に熱を分配する計画とした。

実測の結果、暖房期平均21℃ 7.2g/g、冷房期平均26℃ 12.8g/g となり、エアコン1台だけで1年を通して快適な室内環境を実現することができた。

建物概要

所在地	福岡県大野城市
省エネ地域区分	6地域
年間日射地域区分	A4（多い）
暖房期日射地域区分	H2（少ない）
床面積	1階床： 66.24m²
	2階床： 45.54m²
	延床：111.78m²
建築面積	67.90m²
主たる居室面積	42.54m²
その他居室面積	35.60m²
非居室面積	33.64m²

㈱低燃費住宅九州
本社：〒812-0878
福岡県福岡市博多区竹丘町 1-4-3-103
TEL：092-588-9300
FAX：092-588-9301
URL：http://tnp-kyusyu.com/

構造躯体材・内装仕上げ材ともに熊本の天然乾燥杉材をふんだんに使った、木の香りに包まれる住まい

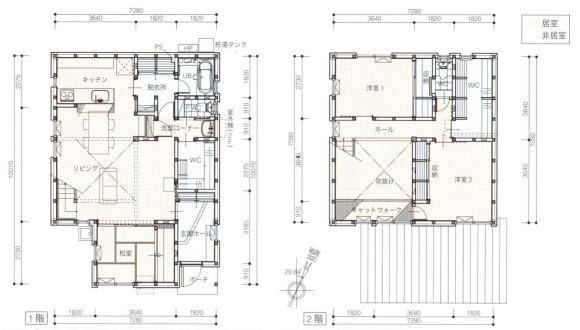

| 居室 |
| 非居室 |

1階 / 2階

平面図／リビングに配置した吹き抜けを中心に開放的な空間とし、全館快適な室内環境を目指した

大容量太陽光パネル搭載のために寸法を調整した大屋根＋下屋の佇まい

吹き抜けを介し日射を効率的に室内に届ける。1、2階でほとんど温度差が生じない

計算結果		
外皮面積	A	303.58 m²
外皮平均熱貫流率	U_A 値	0.27 W/m²·K
冷房期の平均日射熱取得率	η_{AC} 値	1.2
暖房期の平均日射熱取得率	η_{AH} 値	1.2
熱損失係数（目安値） 省エネ基準値～2.7W/m²·K	Q 値	0.85 W/m²·K
一次エネルギー消費量	―	41.6 GJ/(戸·年)

一次エネルギー消費量

この住宅の外皮平均熱貫流率（U_A）（6地域）

BELSラベル

外皮仕様

断熱・開口部

断熱仕様

			熱伝導率
屋根	セルロースファイバー	300mm 厚	0.040W/m²·K
天井	−		−
外壁	セルロースファイバー	120mm 厚	0.040W/m²·K
外壁付加断熱	ロックウール断熱材（ボード）	80mm 厚	0.036W/m²·K
1階床断熱	A種フェノールフォーム保温板1種2号	100mm 厚	0.020W/m²·K
1階床付加断熱	A種押出法ポリスチレンフォーム保温板3種	25mm 厚	0.028W/m²·K
基礎内断熱（立上）	A種押出法ポリスチレンフォーム保温板3種	50mm 厚	0.028W/m²·K
基礎内断熱（底盤）	A種押出法ポリスチレンフォーム保温板3種	50mm 厚	0.028W/m²·K

開口部

			熱貫流率
一般の窓	Low-E（G）	トリプル樹脂サッシ	1.07W/m²·K
玄関ドア	Low-E（−）	複層（−）	1.75W/m²·K
勝手口	Low-E（−）	複層（−）	−

基礎仕様

基礎仕様	ベタ基礎	土間コンクリート	150mm 厚

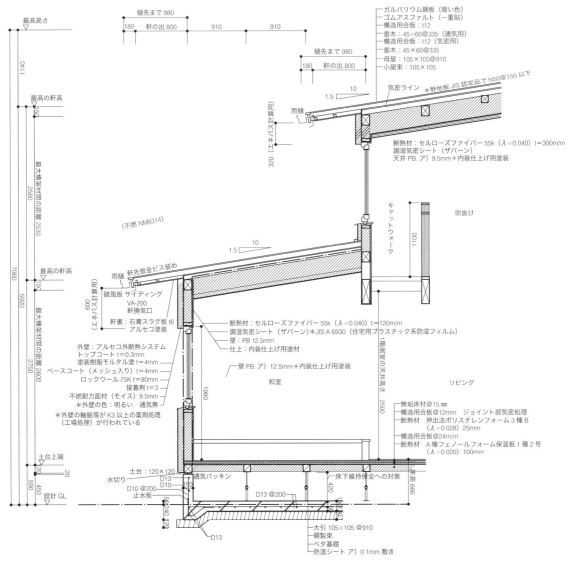

矩計図

ポイント

福岡県近辺は、地域区分6地域・年間日射地域区分A4・暖房期日射区分H2の地域が多数を占める。日本海気候の側面もあることから、冬季には日射量が少なく、降雪もあり、冷え込むため、十分な断熱性能と日射取得計画が重要である。また、夏期には日射量も多くなることから、日射遮蔽計画も同様に重要だ。当社では、全棟で計画地でのシミュレーションを行い、最適な日射計画を目指している。

そのため、計画地の年間を通した日射状況を読み解き、その地に最適な日射設計とすることが、高断熱住宅には特に必要とされる。

ZEH計画としては、まずは躯体の断熱性能向上、日射取得、遮蔽計画といった設備に頼らないパッシブ設計を十分に行い、エネルギーロスを少なくすることが前提だ。

次に、創エネとしては太陽光発電が中心となるため、屋根形状がポイントとなる。近年、住宅のコンパクト化や狭小地での計画も増えており、屋根面積が小さくなる傾向がある。そのため、太陽光パネルを搭載可能な屋根面積をいかにつくるかが課題となる。

また、2016年に発生した熊本地震の影響もあって、耐震性能に対する施主の関心は依然として高い。

低燃費住宅九州では、長期優良住宅はもとより、全棟で耐震等級3、耐風等級2を取得し、省エネ性・耐震性・耐久性を確保することで、未来の子どもたちを守る家となることを心がけている。

設備仕様

自然活用

通風の利用	主たる居室	利用しない
	その他居室	利用しない
蓄熱の利用	利用しない	

空調設備

冷暖房方式	高効率個別エアコン		
	主たる居室	定格能力	暖房 2.2kW ／ 冷房 2.2kW
		定格消費電力	暖房 470W ／ 冷房 580W
		COP	暖房 **4.68** ／ 冷房 **3.79**
	その他居室	定格能力	暖房 2.2kW ／ 冷房 2.2kW
		定格消費電力	暖房 470W ／ 冷房 580W
		COP	暖房 **4.68** ／ 冷房 **3.79**
	エネルギー消費効率の区分　（は）		
その他の暖房	なし		

換　気

換気方式	ダクト式第1種換気設備
消費電力／風量	49W ／ 165m³/h
換気回数	0.52回/h
温度交換効率	90%
有効換気量率	95%
比消費電力合計	0.3W/(m³/h)

給　湯

熱源機の種類	電気ヒートポンプ給湯器
	年間給湯保温効率：3.3 ／ 風呂機能の種類：追焚保温あり
配管方式	ヘッダー方式（13A以下）
台所水栓	2バルブ水栓以外
	手元止水機能：採用しない ／ 水優先吐水機能：採用する
浴室シャワー水栓	2バルブ水栓以外
	手元止水機能：採用する ／ 小流量吐水機能：採用する
洗面水栓	2バルブ水栓以外
	水優先吐水機能：採用する
浴槽	浴槽保温措置：採用する

照　明

主たる居室 (設置有)	電灯種別	LED電灯
	調光	採用しない
	多灯分散方式	採用しない
その他居室 (設置有)	電灯種別	LED電灯
	調光	採用する
非居室 (設置有)	電灯種別	LED電灯
	人感センサー	採用する

太陽光発電

アレイの種類	結晶シリコン系の太陽電池		
システム容量	10.80kW	パネル方位角	真南から東へ15度以上45度未満
アレイ設置方法	屋根置き型	パネル傾斜角	10度

備　考

HEMS設置

case 3 | ギリギリではなく、ゆとりをもたせた都市型 ZEH

五光ハウジング㈱

省エネコンセプト

　実は、首都圏で真南に太陽光パネルを設置することは、建築基準法や条例に阻まれ困難な場合が多い。ましてや駅前ではなおさらだ。しかし、本件ではそれが可能となる敷地を得ることができ、密集市街地型のZEHを実現している。その上施主の強い要望もあり、性能もさることながらデザインも重視している。

　自然風を利用した開口部の配置とした。気象庁などの卓越風データから南側を風上、北側を風下とし、室内の風の流れを良くすることで、夏季夜間に外気を採り入れ、室内を涼しく保てるようにした。これにより冷房エネルギーを10〜30％削減できる。加えて高断熱化や太陽光発電システム、また蓄電池による夜間の電力利用、ハイブリッド給湯システム等の省エネ設備とHEMSによるエネルギー管理で、今後の光熱費削減が期待できそうだ。

　また、構造躯体には国産材を使用しながら、金物工法で断面欠損を防ぎ、耐震等級3を確保した。災害発生時には蓄電池による自立モード（自給自足）への切り替えができることから、地震災害にも備えている。

建物概要

所在地	神奈川県藤沢市
省エネ地域区分	6地域
年間日射地域区分	A3（中程度）
暖房期日射地域区分	H3（多い）
床面積	1階床： 68.31m²
	2階床： 70.38m²
	延 床：146.97m²
建築面積	73.82m²
主たる居室面積	41.41m²
その他居室面積	47.99m²
非居室面積	57.39m²
床面積　　PH1階床：	8.28m²

五光ハウジング㈱
本社：〒251-0871
神奈川県藤沢市善行1丁目29番地4
TEL：0466-81-6368
FAX：0466-81-6263
URL：http://www.gokow.com/

総湿式タイル張りの高級感あふれる外観

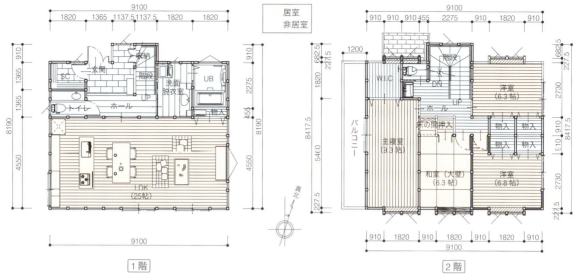

1階　2階

平面図／外皮の凸凹を控えたシンプルな間取り

梁表しにより木のぬくもりを感じることができる

ハイブリッド蓄電システム(6.5kWh)　太陽光パネル(単結晶シリコン系)
HEMS　ヒートポンプハイブリッド給湯器

エネルギーの見える化で光熱費を節約

計算結果

外皮面積	A	378.20 m²
外皮平均熱貫流率	U_A 値	0.44 W/m²·K
冷房期の平均日射熱取得率	η_{AC} 値	1.4
暖房期の平均日射熱取得率	η_{AH} 値	1.8
熱損失係数（目安値）省エネ基準値〜2.7W/m²·K	Q 値	1.12 W/m²·K
一次エネルギー消費量	—	52.9 GJ/(戸・年)

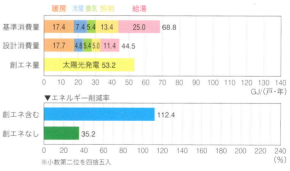

暖房　冷房　換気　照明　給湯

基準消費量　17.4　7.4　5.4　13.4　25.0　68.8
設計消費量　17.7　4.8　5.4　5.0　11.4　44.5
創エネ量　太陽光発電 53.2

▼エネルギー削減率
創エネ含む　112.4
創エネなし　35.2
※小数第二位を四捨五入

一次エネルギー消費量

▼ 0.44 W/(m²·K)
ZEH+ 0.5　ZEH 0.6　省エネ基準 0.87

この住宅の外皮平均熱貫流率（U_A）（6地域）

この住宅のエネルギー消費量 53 %削減
BELS　建築物省エネルギー性能表示制度
2018年2月14日交付

BELSラベル

外皮仕様

断熱・開口部

断熱仕様 / 熱伝導率

	屋根	吹付硬質ウレタンフォーム断熱材 A 種 3	90mm 厚	0.036W/m²・K
	天井（屋上）	吹付硬質ウレタンフォーム断熱材 A 種 3	90mm 厚	0.036W/m²・K
	外壁（内側）	吹付硬質ウレタンフォーム断熱材 A 種 3	90mm 厚	0.036W/m²・K
	外壁（外断熱）	フェノールフォーム保温板 A 種 1 種 2 号	30mm 厚	0.020W/m²・K
	外気床断熱	押出法ポリスチレンフォーム保温板 A 種 1 種 b	100mm 厚	0.036W/m²・K
	1 階床断熱	押出法ポリスチレンフォーム保温板 A 種 1 種 b	100mm 厚	0.036W/m²・K
	基礎内断熱		—	
	屋上外断熱	押出法ポリスチレンフォーム保温板 A 種 1 種 b	30mm 厚	0.036W/m²・K

開口部 / 熱貫流率

	一般の窓（引違）	一重 P 製ダブル Low-E 三層複層 G16 以上×2	1.11W/m²・K
	玄関ドア	Low-E（−）複層（−）	3.49W/m²・K
	勝手口	Low-E（−）複層（−）	—
	一般の窓（すべり出し）	一重 P 製ダブル Low-E 三層複層 G16 以上×2	0.99W/m²K
	一般の窓（上下）	一重 P 製ダブル Low-E 三層複層 G16 以上×2	1.15W/m²K
	一般の窓（テラスドア）	一重 P 製ダブル Low-E 三層複層 G16 以上×2	1.34W/m²K
基礎仕様	ベタ基礎	土間コンクリート	100mm 厚

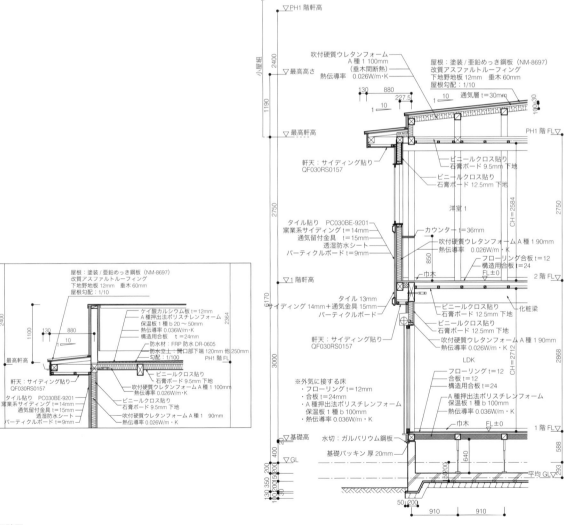

矩計図

ポイント

　神奈川県は南部が太平洋に面しており、比較的気候が温暖で恵まれている。冬は30cmの積雪が年に1～2回ある程度なので、耐雪的にも大きな影響はない。南側に居室を配置する等、間取りの工夫で冬の大きな暖房節電効果が期待できる反面、夏の冷房節電効果は不利になる。そのため、ゆとりをもってZEH基準をクリアしたい。

　開口部からの日射を防ぐためには、熱を通しやすいアルミサッシは数値的にかなり不利となる。室内側・室外側とも樹脂フレームのサッシを採用すべきだ。その分コストが上がるので、窓の数を減らしたり、大きさを小さくする工夫も必要だ。外壁・屋根については、通気層の設置や反射率の高い外装材が望ましい。

　一方、首都圏では、土地が狭く、土地にゆとりある地域に比べると省エネ住宅を設計する上でかなり制約が多いという課題を抱えている。建物が密集する場所では、日当たりも悪い。それをいかにして快適で省エネな住宅を実現するかは、設計者の腕にかかっている。採光、通風等を配慮した間取り、適材適所な建材・設備の配置等、工夫次第で市街地でもゆとりある数値を引き出せる。床・壁・天井と外部サッシといった外皮を高断熱化することによって、数値はいくらでもコントロールできる。ZEHは、外皮で決まると言っても過言ではない。数多くの断熱材やサッシの中からいかにして選定するかは、本書の実例建物で採用されている建材の熱伝導率や熱貫流率などを比較されたい。

設備仕様

自然活用

通風の利用	主たる居室	利用しない
	その他居室	利用しない
蓄熱の利用	利用しない	

空調設備

冷暖房方式	高効率個別エアコン		
	主たる居室	定格能力	暖房 9.5kW ／ 冷房 8.0kW
		定格消費電力	暖房 2640W ／ 冷房 2890W
		COP	暖房 **3.59** ／ 冷房 **2.76**
	その他居室	定格能力	暖房 2.5kW ／ 冷房 2.2kW
		定格消費電力	暖房 470W ／ 冷房 425W
		COP	暖房 **5.31** ／ 冷房 **5.17**
	エネルギー消費効率の区分　（い）		
その他の暖房	温水床暖房（主たる居室）		

換気

換気方式	壁付け式第三種換気設備
消費電力／風量	4.4W ／ 190.5m³/h
換気回数	0.55回/h
温度交換効率	75%
有効換気量率	90%
比消費電力合計	0.3W/(m³/h)

給湯

熱源機の種類	電気ヒートポンプ給湯器
	年間給湯保温効率：4.3 ／ 風呂機能の種類：追焚保温あり
配管方式	先分岐式
台所水栓	2バルブ水栓以外
	手元止水機能：採用しない ／ 水優先吐水機能：採用する
浴室シャワー水栓	2バルブ水栓以外
	手元止水機能：採用しない ／ 小流量吐水機能：採用する
洗面水栓	2バルブ水栓以外
	水優先吐水機能：採用する
浴槽	浴槽保温措置：採用する

照明

主たる居室 （設置有）	電灯種別	LED電灯
	調光	採用しない
	多灯分散方式	採用しない
その他居室 （設置有）	電灯種別	LED電灯
	調光	採用しない
非居室 （設置有）	電灯種別	LED電灯
	人感センサー	採用しない

太陽光発電

アレイの種類	結晶シリコン系の太陽電池		
システム容量	5.4kW	パネル方位角	真南から東へ15度以上45度未満
アレイ設置方法	屋根置き型	パネル傾斜角	10度

備考

HEMSの設置	有
蓄電池システム（6.4kWh）の設置	有

case 4 | 家の周りの微気候を整え、採り入れる

相羽建設㈱

省エネコンセプト

本件は都営住宅建て替えコンペに採択されたうちの一戸である。東京の一般的な住宅価格（70万円/坪）程度でなければ高性能住宅は普及しないと考え、構造の整理や施工の合理化を徹底し、30％のコストダウンをしつつ U_A 値0.6以下かつ耐震等級3を実現した。全16棟でLCCM認定を取得し、入居後2年間にわたる調査（首都大学東京須永研究室）から、全暮らしのエネルギー（RealZEH）で78％の削減が証明された。

また、断熱気密性能の強化と太陽光発電等アクティブ設計に加えてパッシブ設計も採り入れた。山砂と木陰を併せて表面温度を抑えた園路から、室内に積極的に涼風を採り込んでいる。室内も格子壁や化粧階段を用い、風が抜けやすいようにデザインした。

さらに建材は、製造時や土に還すときのエネルギー消費に配慮して、極力塩ビ材の使用を控えた。また、住人の成長や社会の変化に応じて自由に間取り変更ができるようスケルトン＆インフィル構造とし、70年間の耐用性を実現した。

建物概要

所在地	東京都府中市
省エネ地域区分	6地域
年間日射地域区分	A3
暖房期日射地域区分	H4
床面積	1階床： 51.34m²
	2階床： 53.00m²
	延 床：104.34m²
建築面積	54.45m²
主たる居室面積	39.75m²
その他居室面積	48.03m²
非居室面積	16.56m²

相羽建設㈱
本社：〒189-0014
　　　東京都東村山市本町2-22-11
　　　TEL：042-395-4181
　　　FAX：042-393-9838
　　　URL：http://aibaeco.co.jp/

発電熱と太陽熱を集め床下で蓄熱し、暖房や給湯に使っている。現在はトンネル状に生長した樹木の木陰を抜ける涼風を採り入れる

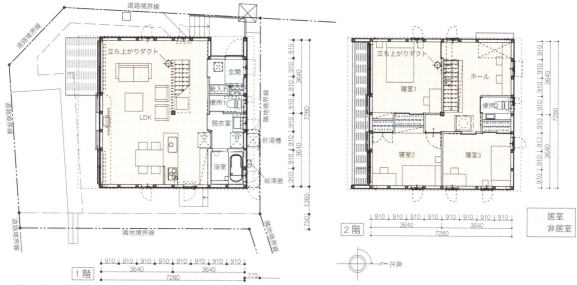

平面図／アメダスのデータより夏場の南南西の風が抜けやすいように引戸と開口部を配置

涼風が抜ける園路はコミュニティの核となっている

室内に風が抜けるように格子や引戸を採用

計算結果		
外皮面積	A	210 m^2
外皮平均熱貫流率	U_A 値	0.54 W/m^2·K
冷房期の平均日射熱取得率	η_{AC} 値	0.58
暖房期の平均日射熱取得率	η_{AH} 値	0.59
熱損失係数（目安値） 省エネ基準値〜 2.7W/m^2·K	Q 値	1.87 W/m^2·K
一次エネルギー消費量(SIM)	—	30.9 GJ/(戸·年)
一次エネルギー消費量(領収書)	—	21.2 GJ/(戸·年)

(OMソーラーによるお湯採りと暖房・採涼効果により、領収書データから算出) 発電分7.7GJを差し引くと実際使用した分は13.5GJになる

この住宅の外皮平均熱貫流率（U_A）（6地域）

一次エネルギー消費量

CASBEEの評価結果
①が5つ星かつ②が4つ星のためLCCM住宅と認定される

外皮仕様

断熱・開口部				
断熱仕様				熱伝導率
	屋根	フェノバボード	90mm 厚	0.019W/m²・K
	天井	構造用合板（針葉樹）	24mm 厚	0.16W/m²・K
	外壁	高性能グラスウール 16K	105mm 厚	0.038W/m²・K
	外壁付加断熱	—	—	—
	2階床断熱	—	—	—
	基礎外断熱	—	—	—
	基礎内断熱	フェノバボード	90mm 厚	0.019W/m²・K
開口部				熱貫流率
	一般の窓	Low-E（G） 複層（T）		2.33W/m²・K
	玄関ドア	Low-E（−） 複層（−）		2.33W/m²・K
	勝手口	Low-E（G） 複層（T）		2.33W/m²・K
基礎仕様	ベタ基礎	フェノバボード	90mm 厚	0.019W/m²・K

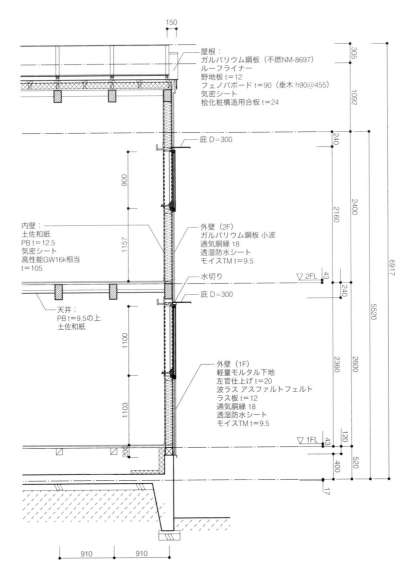

矩形図

ポイント

比較的温暖な気候をもつ東京では、寒冷地のように外部環境と対峙するのではなく、外部環境を有効に採り入れ活用した家づくりが大切だ。今回はアメダスのデータを活用し、年間の風向きや強さ、気温や湿度等を検証して風の道をつくった。冬場は効果が大きいダイレクトゲイン(床や壁に直接蓄熱する手法)を活用し、夏場は日射遮蔽のために緑のカーテンをつくっている(東西面に緑のカーテンをつくりやすいように穴付ステンレス庇も開発した)。

なお、本件では高性能住宅の普及を目指し、そのための工夫にも努めた。建物内部に耐力壁をもたないことで40坪程度の家は1日2棟上棟でき、基礎は20％程度のコンクリートと鉄筋が削減できる。また、土間と立ち上がりを一発で打ち、手間を半減しつつ、シロアリの侵入経路になる打ち継ぎをなくした。

さらに、防災にも目を向けた。密集した東京の住宅地において、災害発生時に被害を拡大させず、できるだけ早く生活を取り戻すために、園路の一部を拡げて広場をつくり、災害時の復旧拠点とした。普段から子どもたちの遊び場となり、住民のつながりの場としてBBQ大会が開催されるなど積極的に利用されている。ベンチは災害時に炊き出しのかまどになり、地下に埋め込まれた雨水タンクは災害時にはトイレを流す水になる。各戸には300ℓの貯湯槽が設備されているため、3日分の生活用水も確保されている。

災害時には、インフラが回復するまで近隣住民同士の助け合いが必要だ。日頃から良好なコミュニティを形成できるよう、家の周りを含めた環境にも配慮した。

設備仕様

自然活用

通風の利用	主たる居室	利用する ／ 換気回数5回/h
	その他居室	利用する ／ 換気回数5回/h
蓄熱の利用	土間コンクリートOM 利用する	

空調設備

冷暖房方式	高効率個別エアコン		
	主たる居室	定格能力	暖房5.0kW ／ 冷房4.0kW
		定格消費電力	暖房955W ／ 冷房970W
		APF	通年 **6.7**
	その他居室	定格能力	暖房5.0kW ／ 冷房4.0kW
		定格消費電力	暖房955W ／ 冷房970W
		APF	通年 **6.7**
	エネルギー消費効率の区分	（ろ）	
その他の暖房	OMソーラー		

換気

換気方式	OMソーラー(第2種換気設備)＋個別換気扇(第3種換気設備)
消費電力／風量	23W ／ 150m³/h
換気回数	1.82回/h
温度交換効率	－
有効換気量率	－
比消費電力合計	－

給湯

熱源機の種類	ガス給湯器エコジョーズ
	風呂機能の種類:追焚保温あり
配管方式	ヘッダー方式(13A以下)
台所水栓	シングルレバー混合栓
	手元止水機能:採用しない ／ 水優先吐水機能:採用する
浴室シャワー水栓	シングルレバー混合栓
	手元止水機能:採用する ／ 水優先吐水機能:採用する
洗面水栓	シングルレバー混合栓
	水優先吐水機能:採用する
浴槽	浴槽保温措置:採用しない

照明

主たる居室 (設置有)	電灯種別	LED電灯
	調光	採用する
	多灯分散方式	採用しない
その他居室 (設置有)	電灯種別	LED電灯
	調光	採用しない
非居室 (設置有)	電灯種別	LED電灯
	人感センサー	採用しない

太陽光発電

アレイの種類	結晶シリコン系の太陽電池		
システム容量	2.97kW	パネル方位角	真南から東・西15度未満
アレイ設置方法	屋根置き型	パネル傾斜角	16.7度

備考

HEMS、OMソーラー	
太陽熱暖房	空気集熱式(OMソーラー)
太陽熱給湯	空気集熱式(OMソーラー)

case 5 | コンパクトな間取りの低燃費住宅

㈱アールデザイン

省エネコンセプト

　敷地のある浦安市は、比較的土地の単価が高く、子育て世代が新築を建てる場合、30坪以下になることが多い。今回の計画では敷地面積27坪、延床面積28坪のコンパクトな都市型エコハウスを目指した。

　まずU_A値0.3、η_{AC}値1.3、C値は0.3の高断熱高気密の仕様で基本性能を高めた。真南へ窓を向けることができず、庇を延ばすスペースもないため、日射遮蔽は全てロールスクリーンで行っている。

　また、廊下を極力少なくして、無駄なスペースのない回遊性のあるコンパクトな間取りとした。吹き抜けを通して1階のリビングからロフトまでが一体になっているが、室内の温度は一定に保たれている。さらに、屋根形状の工夫としては、太陽光パネルの面積を確保しつつ北側隣家への日射も考慮し、変形切妻屋根にしている。

　加えて、エネルギーパスを用いて建物の燃費を計算している。これは基本的な一次エネルギー計算だけでなく、隣家との間隔や外壁の色等も考慮した計算になっている。

建物概要

所在地	千葉県浦安市
省エネ地域区分	6地域
年間日射地域区分	A3
暖房期日射地域区分	H3（中程度）
床面積	1階床： 51.05m²
	2階床： 46.23m²
	延 床： 97.29m²
建築面積	53.82m²
主たる居室面積	65.06m²
その他居室面積	30.28m²
非居室面積	17.93m²

㈱アールデザイン
本社：〒279-0012
　　　千葉県浦安市入船4-1-6
　　　TEL：047-380-8819
　　　FAX：047-380-8826
　　　URL：http://www.rdesign.co.jp/

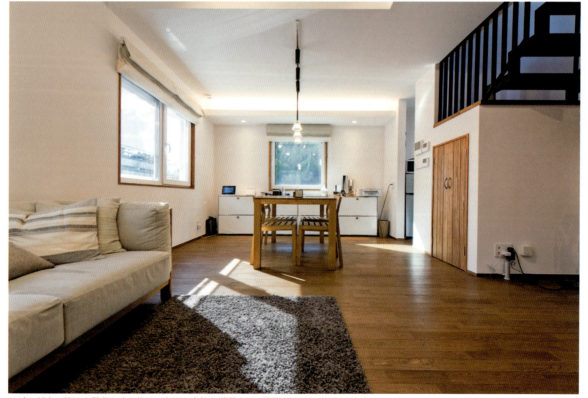

リビング内に設けた階段と吹き抜けで上下の空気を循環させ、温度差のない空間としている

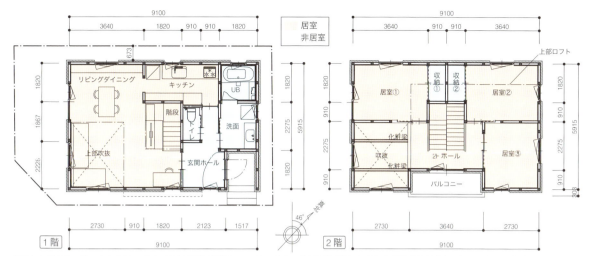

平面図／リビングの吹き抜けで主たる居室面積が増えている。北東・北西面は隣家により日射取得量が減るため、南西・南東面に大きな開口を設けた

外壁色は日射熱の影響をスタンダードに受ける「中間色」

吹き抜けは省エネだけでなく、デザイン上のポイントにもなっている

計算結果		
外皮面積	A	295.12 m²
外皮平均熱貫流率	U_A 値	0.27 W/m²·K
冷房期の平均日射熱取得率	η_{AC} 値	1.67
暖房期の平均日射熱取得率	η_{AH} 値	1.67
熱損失係数（目安値）省エネ基準値〜2.7W/m²·K	Q値	0.90 W/m²·K
一次エネルギー消費量	—	48.1 GJ/(戸·年)

一次エネルギー消費量

この住宅の外皮平均熱貫流率（U_A）（6地域）

BELSラベル

外皮仕様

断熱・開口部				
断熱仕様				熱伝導率
	屋根	吹込み用セルロースファイバー55k	300mm厚	0.040W/m²・K
	天井	吹込み用セルロースファイバー55k	400mm厚	0.040W/m²・K
	外壁	吹込み用セルロースファイバー55k	105mm厚	0.040W/m²・K
	外壁付加断熱	ロックウール保温板	80mm厚	0.040W/m²・K
	床断熱	ネオマフォーム	100mm厚	0.020W/m²・K
	基礎外断熱	A種押出法ポリスチレンフォーム保温板3種	25mm厚	0.022W/m²・K
	基礎内断熱	A種押出法ポリスチレンフォーム保温板3種	75mm厚	0.022W/m²・K
開口部				熱貫流率
	一般の窓	Low-E(G) 複層(T)		0.78W/m²・K
	玄関ドア	Low-E(−) 複層(−)		0.94W/m²・K
	勝手口	Low E(−) 複層(−)		−
基礎仕様	ベタ基礎	土間コンクリート	200mm厚	

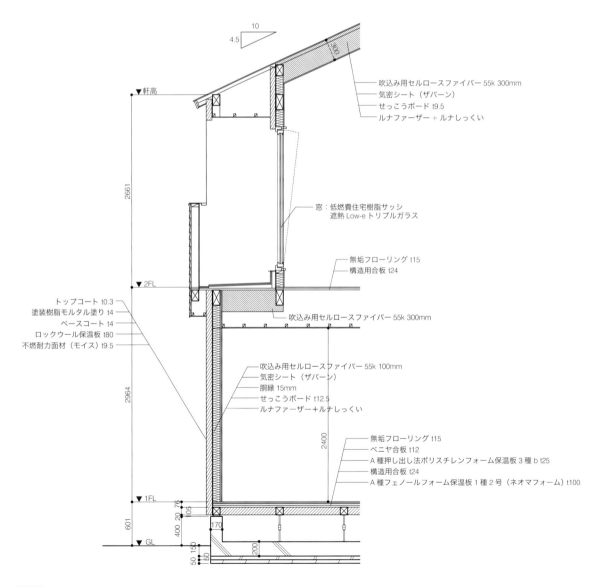

矩計図

ポイント

比較的温暖なイメージのある6地域だが、夏の暑さ、冬の寒さ、どちらにも対応できるバランスのとれた手法が求められる。季節によって日射の取得と遮蔽を切替えられる工夫が重要だ。

また、十分な敷地が確保できる地方とは違い、都市部での設計ではパッシブ設計の基本がうまく当てはまらない場合も多い。建物が密接し南面からの日射が期待できないことや、庇や窓を十分に設置できないこともある。そんな条件でパッシブ設計を行うには、敷地状況や周辺環境を読み込み、より丁寧な対応が求められる。

なかでも日射のチェックでは隣家の形状を適切に読み解くことが重要で、数軒先のマンションの日射が影響してくることもある。夏場に影響が大きい西面や東面の日射も、隣家の陰になり大きな負荷にならないことも多い。そのためスケッチアップやARCHICAD等を使い隣家の建物を3D化して日射シミュレーションを行っている。

室内空間の設計は床面積をコンパクトにおさめようとするとボリュームが上下に伸びがちであるが、吹き抜けや階段室をうまく利用して空間が一体になるようにしたい。躯体が高断熱高気密な建物であるほど、廊下やホールで空間を区切らず、どの部屋の温度も一定にそろえるような提案ができる。吹き抜け等を設けることができずとも、床の一部をスノコ状にして開口することで、ダクト等を使って機械的に上下の空気を動かすことが可能になる。密度の高い都市部でこそ、パッシブな工夫がより求められている。

設備仕様

自然活用

通風の利用	主たる居室	利用する ／ 換気回数5回
	その他居室	利用する ／ 換気回数5回
蓄熱の利用	利用しない	

空調設備

冷暖房方式	高効率個別エアコン		
	主たる居室	定格能力	暖房 4.0kW ／ 冷房 2.8kW
		定格消費電力	暖房 770W ／ 冷房 580W
		COP	暖房 **5.19** ／ 冷房 **4.82**
	その他居室	定格能力	暖房 4.0kW ／ 冷房 2.8kW
		定格消費電力	暖房 770W ／ 冷房 580W
		COP	暖房 **5.19** ／ 冷房 **4.82**
	エネルギー消費効率の区分 （い）		
その他の暖房	なし		

換気

換気方式	ダクト式第1種換気設備
消費電力／風量	27W ／ 150m³/h
換気回数	0.50回/h
温度交換効率	85%
有効換気量率	1
比消費電力合計	0.3W/(m³/h)

給湯

熱源機の種類	電気ヒートポンプ給湯器
	年間給湯保温効率：3.0 ／ 風呂機能の種類：追焚保温あり
配管方式	ヘッダー方式（13A以下）
台所水栓	2バルブ水栓以外
	手元止水機能：採用する ／ 水優先吐水機能：採用する
浴室シャワー水栓	2バルブ水栓以外
	手元止水機能：採用する ／ 小流量吐水機能：採用する
洗面水栓	2バルブ水栓以外
	水優先吐水機能：採用する
浴槽	浴槽保温措置：採用する

照明

主たる居室（設置有）	電灯種別	LED電灯
	調光	採用する
	多灯分散方式	採用する
その他居室（設置有）	電灯種別	LED電灯
	調光	採用する
非居室（設置有）	電灯種別	LED電灯
	人感センサー	採用する

太陽光発電

アレイの種類	結晶シリコン系の太陽電池		
システム容量	5.3kW	パネル方位角	真南から東へ15度以上45度未満
アレイ設置方法	屋根置き型	パネル傾斜角	30度

備考

—

case 6 | 日射をコントロールした超高気密・高断熱住宅

㈱ WELLNEST HOME

省エネコンセプト

　仙台市内の分譲地に建つ住宅である。敷地は北側道路に接し、現状、南側に建物は建っていないが、今後そこに北寄りの建物が建つことを想定して計画した。躯体の高性能化だけではなく健康性能や耐久性にも配慮し、バランスの良い住宅を目指した。

　具体的には、充填断熱は断熱・調湿・防音に優れたセルロースファイバー、外張り断熱には天然岩石を主原料とした複合断熱システムを採用し、U_A値0.27を実現している。また、中間検査時と引渡し前に気密測定を実施し、C値0.2以下を確保した。

　その結果、家の中に温度差がほとんど生じないため、ヒートショックリスクがなく、結露も生じない。さらに高い調湿性能により、カビとダニが生じにくく、アレルギーや喘息等の発症リスクを抑えることができる。

　半永久的にシロアリや腐れの心配がない、防腐・防蟻剤を加圧注入した構造材を使用しており、主要構造体には20年の保証もつけている。

建物概要

所在地	宮城県仙台市
省エネ地域区分	4 地域
年間日射地域区分	A2
暖房期日射地域区分	H2
床面積　1階床：	54.65m²
2階床：	43.06m²
延　床：	97.71m²
建築面積	56.31m²
主たる居室面積	53.80m²
その他居室面積	37.24m²
非居室面積	16.57m²

㈱ WELLNEST HOME
本社：〒480-1153　愛知県久手市作田2-1101
　　TEL：0120-146-991
　　FAX：0561-62-8006
　　URL：https://wellnesthome.jp

南側に庭を設け、将来南側の隣地に建物が建っても十分な日射取得ができるように計画している

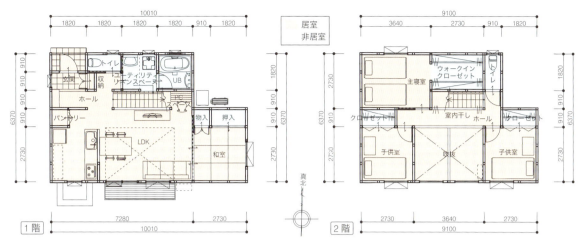

平面図／1階リビング上部に大きな吹き抜けを設け、1、2階の空気のムラをなくすように計画している

リビングから和室を望む

リビング上部の大きな吹き抜け空間

計算結果

項目	記号	値
外皮面積	A	294.19 m²
外皮平均熱貫流率	U_A 値	0.27 W/m²·K
冷房期の平均日射熱取得率	η_{AC} 値	1.30
暖房期の平均日射熱取得率	η_{AH} 値	1.70
熱損失係数（目安値）省エネ基準値〜2.7W/m²·K	Q 値	0.80 W/m²·K
一次エネルギー消費量	—	64.232 GJ/(戸·年)

一次エネルギー消費量

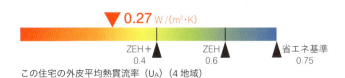

この住宅の外皮平均熱貫流率（U_A）（4地域）

BELSラベル

外皮仕様

断熱・開口部				
断熱仕様				**熱伝導率**
	屋根	—		—
	天井	セルロースファイバー	300mm厚	0.040W/m²・K
	外壁	セルロースファイバー	105mm厚	0.040W/m²・K
	外壁付加断熱	アルセコ	80mm厚	0.040W/m²・K
	床断熱	ネオマフォーム	100mm厚	0.020W/m²・K
	基礎外断熱	ポリスチレンフォーム	25mm厚	0.028W/m²・K
開口部				**熱貫流率**
	一般の窓	Low-E(G) トリプル樹脂サッシ		0.97W/m²・K
	玄関ドア	—		1.75W/m²・K
基礎仕様	ベタ基礎	スタイロフォームAT	50mm厚	

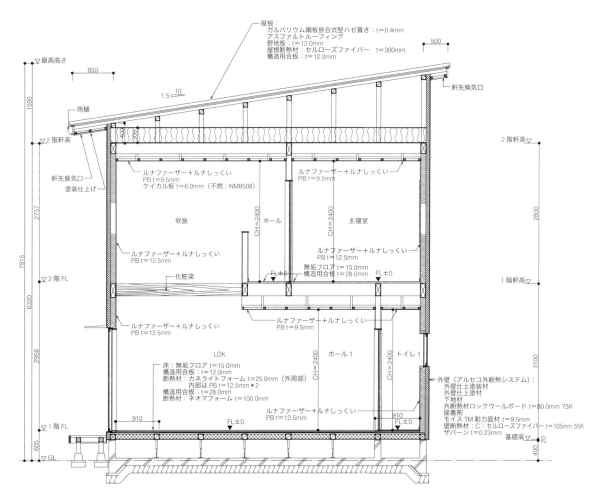

矩計図

ポイント

宮城県は東北6県においては最も日射量が多く、晴天率も高い。そのため、冬場はダイレクトゲインでの暖房計画を行い、特に南側に大きな開口部を設け計画することが望ましい。逆に夏場はそれらの窓の日射を遮蔽する必要がある。なお、積雪について、仙台市周辺は40〜70cm程度と比較的少ないため、構造や太陽光パネル、創エネに大きな影響は与えない。

本件では、日照検討の結果を踏まえると、南隣地に建物が建つと、冬場の1階はきつく影がかかると想定された。そのため、敷地南には一定の空地（庭）を設け、影のかかりを緩和した。それでも不十分と判断したため室内に吹き抜けを設け、冬場の日射・日照を1、2階共に採り入れられる設計としている。ただし、東西の日射（特に夏の西日）は夏場の室内環境を悪化させる要因になるため、東西壁面には極力窓を設けていない。

空調設備はエアコン1台だが、大きな吹き抜けが1、2階の空気の温度ムラをなくすのに力を発揮している。エアコンは日常のメンテナンスも考慮した高さに設置した。吹き抜けに面した2階ホール付近は、室内物干しスペースとして活用されている。

玄関（土間部分）は比較的、断熱性能が劣るが、建具等で区画すると、土間からの冷気や換気量の不足等によって玄関の窓、ドアが結露する可能性があるため、あえて玄関とリビングは一体の空間として計画している。

2階北側の主寝室は窓の断熱性能が高いため、比較的大きな窓を設けても家の性能を損なわずに、一定の採光が確保できている。

設備仕様

自然活用

通風の利用	主たる居室	利用しない
	その他居室	利用しない
蓄熱の利用	利用しない	

空調設備

冷暖房方式	ルームエアコン		
	主たる居室	定格能力	暖房 2.8kW ／ 冷房 2.5kW
		定格消費電力	暖房 515W ／ 冷房 500W
		COP	暖房 **5.40** ／ 冷房 **5.00**
		エネルギー消費効率の区分	（い）
その他の暖房	なし		

換気

換気方式	壁付け式第1種換気
消費電力／風量	3W／25m³/h
換気回数	0.672回/h
台数	6台
温度交換効率	86%
比消費電力合計	0.12W/(m³/h)
熱交換方式	全熱交換

給湯

熱源機の種類	電気ヒートポンプ給湯器
	年間給湯保温効率：3.0／風呂機能の種類：追焚あり
配管方式	ヘッダー方式（13A以下）
台所水栓	2バルブ水栓以外
	手元止水機能：採用しない／水優先吐水機能：採用する
浴室シャワー水栓	2バルブ水栓以外
	手元止水機能：採用しない／小流量吐水機能：採用する
洗面水栓	2バルブ水栓以外
	水優先吐水機能：採用する
浴槽	浴槽保温措置：高断熱浴槽

照明

主たる居室 （設置有）	電灯種別	LED電灯
	調光	採用しない
	多灯分散方式	採用する
その他居室 （設置有）	電灯種別	LED電灯
	調光	採用する
非居室 （設置有）	電灯種別	LED電灯
	人感センサー	採用する

太陽光発電

アレイの種類	結晶シリコン系の太陽電池		
システム容量	5.95kW	パネル方位角	南
アレイ設置方法	屋根置き型	パネル傾斜角	10度

備考

—

case 7 | 寒冷、積雪、低日照でも快適な三世帯住宅

㈱リアルウッド

省エネコンセプト

全国的に寒冷地・低日照地・積雪地はZEH普及率が低い。

日射取得が不利かつ熱損失が著しいので、ただ単純に太陽光パネルをのせるだけではZEHを達成不可能なエリアなのだ。いかに快適性、コスト、省エネをバランスよく取り入れるかは、工務店の腕にかかっている。

本件はさらにハードルが高く、三世帯住宅で、延床面積は200m²と広く、さらにはロフトもあるにもかかわらず、なんとエアコン2台（4kW寒冷地用エアコン）だけでまかなえている。冬は外気温が－15℃以下になることもあるエリアだが、快適な室温が保てている。

付加断熱やトリプルサッシに加え換気システムを導入することで、南面の大きな窓から日射を採り入れながら、吹き抜けを介して上下階の温度差を防いでいる。これが家族間のつながりを生み出し、冬の日射量の少ない時期のメンタル的な閉塞感も軽減している。

加えて、降雪期にはパネルの雪は下屋に落雪し、そのままのせておくことが可能な設計とした。落雪の心配も、事故の危険性もなく、より安全で快適かつ省エネな暮らしを実現した。

建物概要

所在地	青森県南津軽郡藤崎町
省エネ地域区分	3地域
年間日射地域区分	A2（少ない）
暖房期日射地域区分	H2
床面積	1階床：125.87m²
	2階床：74.11m²
	延 床：199.98m²
建築面積	161.47m²
主たる居室面積	45.54m²
その他居室面積	85.28m²
非居室面積	67.07m²

㈱リアルウッド
本社：〒036-0232
　　　青森県平川市蒲田玉田59-1
　　　TEL：0172-88-7058
　　　FAX：0172-88-7057
　　　URL：http://www.real-wood.co.jp/

パネルの雪が下屋に落雪する設計。下屋には1シーズン雪をのせたままにできる

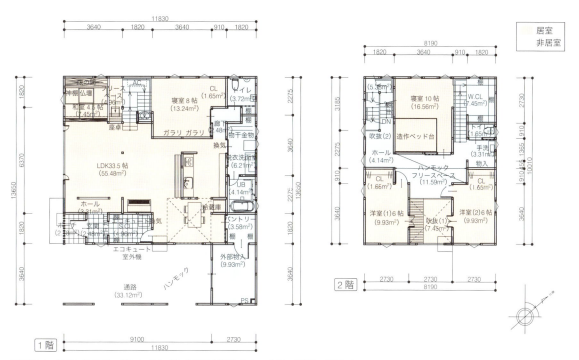

平面図／エアコンはリビングにいるときに直接風が当たらないよう、階段に設置した

キッチンから

吹き抜け

計算結果		
外皮面積	A	500.8 m²
外皮平均熱貫流率	U_A 値	0.24 W/m²·K
冷房期の平均日射熱取得率	η_{AC} 値	1
暖房期の平均日射熱取得率	η_{AH} 値	1.1
熱損失係数（目安値）省エネ基準値～2.7W/m²·K	Q値	0.78 W/m²·K
一次エネルギー消費量	—	39.2 GJ/(戸·年)

一次エネルギー消費量

この住宅の外皮平均熱貫流率（U_A）（3地域）

BELSラベル

外皮仕様

断熱・開口部

断熱仕様				熱伝導率
	屋根	フェノールフォーム保温版A種1種2号	100mm厚	0.022W/m²・K
	天井	—	—	—
	外壁	高性能グラスウール16K	100mm厚	0.038W/m²・K
	外壁付加断熱	フェノールフォーム保温版A種1種2号	50mm厚	0.022W/m²・K
	2階床断熱	—	—	0.038W/m²・K
	基礎外断熱	ビーズ法ポリエチレンフォーム保温版特号	120mm厚	0.034W/m²・K
	基礎内断熱	—	—	—
開口部				熱貫流率
	一般の窓	ダブルLow-E(G) 三層複層(T)		0.91W/m²・K
	玄関ドア	木製断熱ドア		0.95W/m²・K
	勝手口	ダブルLow-E(G) 三層複層(T)		0.91W/m²・K
基礎仕様	布基礎	土間コンクリート	50mm厚	

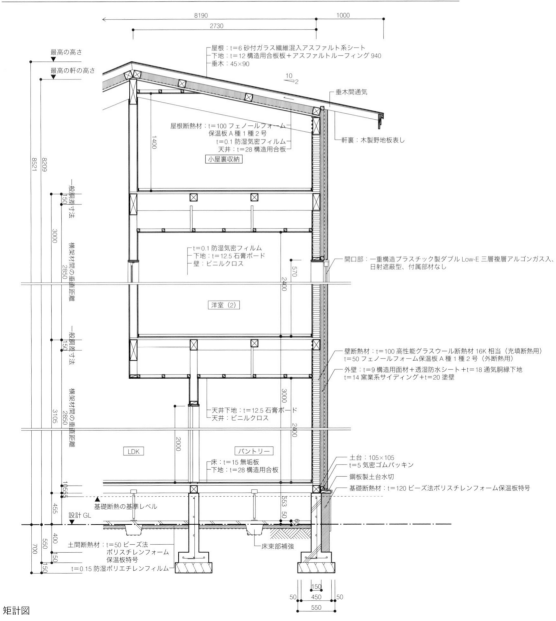

矩計図

ポイント

　青森の津軽エリアは日射量が少ない地域である。さらに冬の暖房期間が6か月ほどあり、雪対策も必要だ。青森県ではZEH普及委員会を発足し、課題項目を抽出し解決を目指して積極性に取り組んでいる。当社も創業当時からの経営理念として、環境・エネルギーに配慮した快適な住宅づくりを目指している。

　こうした寒冷地におけるZEHの課題はやはり低日照、積雪、断熱の3点である。

　具体的には、そもそも低日照地な上に積雪もあるため、太陽光発電による創エネがあまり期待できない。また、大容量のパネルを載せたくても除雪や落雪の危険性を考えると到底無理である。さらにZEH実現のためには、日射や積雪の問題があるので、躯体の断熱性能は基準以上を備えておきたい。

　こうした山積みの課題を解決するには、まず日射と積雪を考慮し、敷地に合わせた屋根形状の検討を十分に行うことが重要だ。次に躯体の高性能化の検討である。そして、最後のポイントとして、ファイナンシャル・プランニングを含めた施主への提案を行うことが挙げられる。徹底した躯体の高性能化によって上がってしまったコストに対し、LCC（ライフサイクルコスト）の観点から長期的なコストバランスを整えることは、性能とコストの両面で納得してもらうために大事な取り組みだ。

　また、津軽地域は全国の状況と少し異なり、三世代住居が多い地域である。多世帯が共生する上で日常生活とエネルギーの両方がうまくシェアできるようなプランニングも心がけている。

設備仕様

自然活用

通風の利用	主たる居室	利用しない ／ 換気回数5回
	その他居室	利用しない ／ 換気回数5回
蓄熱の利用	利用しない	

空調設備

冷暖房方式	高効率個別エアコン		
	主たる居室	定格能力	暖房 5.0kW ／ 冷房 4.0kW
		定格消費電力	暖房 950W ／ 冷房 800W
		COP	暖房 **5.19** ／ 冷房 **5.00**
	その他居室	定格能力	暖房 5.0kW ／ 冷房 4.0kW
		定格消費電力	暖房 950W ／ 冷房 800W
		COP	暖房 **5.19** ／ 冷房 **5.00**
	エネルギー消費効率の区分　（い）		
その他の暖房	なし		

換気

換気方式	ダクト式第1種換気設備
消費電力／風量	66W ／ 150m³/h
換気回数	0.50回/h
温度交換効率	73%
有効換気量率	95%
比消費電力合計	0.26W/(m³/h)

給湯

熱源機の種類	電気ヒートポンプ給湯器
	年間給湯保温効率：3.5 ／ 風呂機能の種類：追焚保温あり
配管方式	ヘッダー方式（13A以下）
台所水栓	2バルブ水栓以外
	手元止水機能：採用する ／ 水優先吐水機能：採用する
浴室シャワー水栓	2バルブ水栓以外
	手元止水機能：採用する ／ 小流量吐水機能：採用する
洗面水栓	2バルブ水栓以外
	水優先吐水機能：採用する
浴槽	浴槽保温措置：採用する

照明

主たる居室 （設置有）	電灯種別	LED電灯
	調光	採用しない
	多灯分散方式	採用しない
その他居室 （設置有）	電灯種別	LED電灯
	調光	採用しない
非居室 （設置有）	電灯種別	LED電灯
	人感センサー	採用する

太陽光発電

アレイの種類	結晶シリコン系の太陽電池		
システム容量	6.6kW	パネル方位角	真南から東・西15度未満
アレイ設置方法	屋根置き型	パネル傾斜角	20度

備考

―

case 8 | 断熱・気密と創エネを徹底した住みやすい北の家

棟晶㈱

省エネコンセプト

　棟晶では、リフォーム版パッシブハウスや札幌版次世代住宅トップランナー認定住宅、ZEH等、数々の高性能省エネ住宅の施工実績があり、その経験を生かして設計施工に取り組んでいる。

　本件も、長年の経験から導き出したイニシャルおよびランニングコストを最適なバランスで構成する高断熱高気密仕上げだ。断熱性能としては、天井は吹込みロックウール充填断熱、床は充填発泡ウレタン吹付断熱、壁の断熱はロックウール充填断熱＋押出法ポリスチレンフォーム保温板付加断熱を用いた。また、積雪量の多い北海道では難しい耐震等級3とし、省エネかつ安全性も確保した。

　ウィークポイントとされる開口部は、窓は三重ガラスの2Low-Eアルゴンガス入り熱貫流率0.91W/m²・K、玄関ドアは金属製だが熱貫流率1.28W/m²・Kを採用した。各部を高断熱化したため、結露の発生も解消された。

　また、換気設備に熱交換換気扇を採用し、性能を確保するため内部のラッピングを徹底し、C値0.3cm²/m²以下の気密性能を実現した。気密試験の実施により性能の実証と確保にも努めている。

建物概要

所在地	北海道札幌市
省エネ地域区分	2地域
年間日射地域区分	A2（少ない）
暖房期日射地域区分	H2（少ない）
床面積	1階床：64.59m²
	2階床：59.62m²
	延床：124.21m²
建築面積	67.9m²
主たる居室面積	50.51m²
その他居室面積	48.07m²
非居室面積	20.67m²

棟晶㈱
本社：〒007-0842
　北海道札幌市東区栄町662-1
　TEL：011-214-1203
　FAX：011-214-1204
　URL：http://t-syou.jp

外観南側。ソーラーパネルは屋根の他に壁面にも設置し、雪害と低日照でも創エネ量の確保に努めた

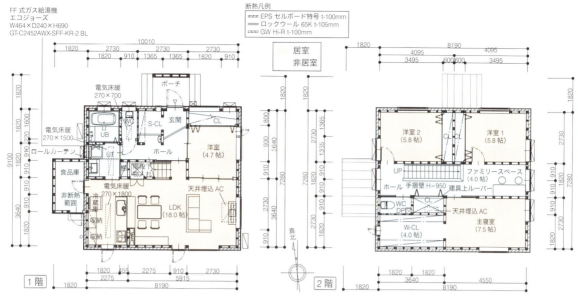

平面図／性能を活かすためシンプルな間取りとした

リビング。空間を広く見せるため、LEDのダウンライトを多用している

居室。熱損失を抑えるため、大きな窓は南西だけに設けた

計算結果

外皮面積	A	287.14 m²
外皮平均熱貫流率	U_A 値	0.25 W/m²·K
冷房期の平均日射熱取得率	η_{AC} 値	1.2
暖房期の平均日射熱取得率	η_{AH} 値	0.8
熱損失係数（目安値）省エネ基準値〜2.7W/m²·K	Q 値	0.71 W/m²·K
一次エネルギー消費量	—	76.1 GJ/(戸·年)

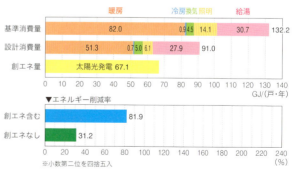

一次エネルギー消費量

この住宅の外皮平均熱貫流率（U_A）（2地域）

BELSラベル

外皮仕様

断熱・開口部

断熱仕様			熱伝導率
屋根	—	
天井	吹込み用ロックウール 25K	400mm 厚	0.040W/m²・K
外壁	吹込み用ロックウール 65K	105mm 厚	0.038W/m²・K
外壁付加断熱	A種ビーズ法ポリスチレンフォーム保温板 特号	100mm 厚	0.034W/m²・K
床断熱	現場発泡ウレタン	260mm 厚	0.034W/m²・K
基礎外断熱		—
基礎内断熱	A種押出法ポリスチレンフォーム保温板3種	50mm 厚	0.028W/m²・K

開口部			熱貫流率
一般の窓	Low-E(G) 複層(T)		0.91W/m²・K
型ガラス窓	Low-E(G) 複層(T)		1.05W/m²・K
厚ガラス窓	Low-E(−) 複層(−)		0.97W/m²・K
防火設備窓	Low-E(−) 複層(−)		1.55W/m²・K
玄関ドア	Low-E(−) 複層(−)		1.38W/m²・K

基礎仕様 布基礎　　　150mm 厚

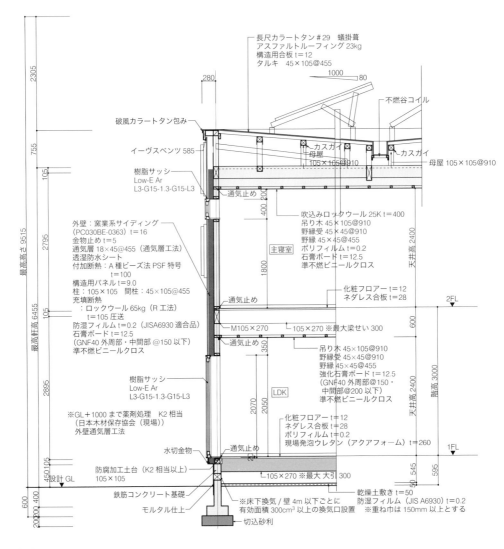

矩計図

ポイント

　北海道の特性としては、窓からの大きな熱損失はやはり避けられない。近年は窓自体の性能が向上しているものの、まだ足りてはいない状況だ。唯一、南面だけが熱損失より日射取得が上回るので、積極的に日射を採り入れることが特に重要である。日射が期待できない東西北は、極力開口部を大きくしないように努めている。棟晶では耐震・断熱・気密のそれぞれを高性能化し、さらにそれらを標準化することで暖房負荷を抑え、途中からでも ZEH に移行しやすいようにしている。

　基本設計の段階から太陽光パネルを設置することを想定してプランを考えているため、棟晶の標準住宅の屋根に太陽光パネルを乗せるだけで Nearly ZEH になり、さらに壁にも太陽光パネルを増やすことで ZEH が達成できる仕様にしている。

　これにより、新築時だけでなはなく後からでも Nearly ZEH、ZEH への移行が簡単にでき、ZEH の普及に貢献できる。

　棟晶では、社員全員がパッシブハウスジャパン認定の省エネ建築診断士の資格をもち、設計段階でエネルギー使用量やおおよその光熱費を伝え、お客様に納得いただいてから施工している。高性能な家だからこそ「安心」「健康」「快適」「低燃費」を実現し、少しのエネルギーで、夏は涼しく冬は暖かい、地球にもお財布にもやさしい家づくりを目指して高性能な住宅を手の届く価格で提案したいと考えている。

設備仕様

自然活用

通風の利用	主たる居室	利用しない
	その他居室	利用しない
蓄熱の利用	利用しない	

空調設備

冷暖房方式	高効率個別エアコン		
	主たる居室	定格能力	暖房 5.0kW ／ 冷房 4.0kW
		定格消費電力	暖房 890W ／ 冷房 790W
		COP	暖房 **5.62** ／ 冷房 **5.06**
	その他居室	定格能力	−
		定格消費電力	−
		COP	−
	エネルギー消費効率の区分　（い）		
その他の暖房	電気ヒーター床暖房　敷率1%/321W		

換　気

換気方式	ダクト式第1種換気設備
消費電力／風量	50W ／ 169.26m³/h
換気回数	0.61 回/h
温度交換効率	89%
有効換気量率	95%
比消費電力合計	0.3W/(m³/h)

給　湯

熱源機の種類	壁掛型FF式ガス給湯器
	ガス潜熱回収型給湯器／風呂機能の種類：追焚保温あり
配管方式	ヘッダー方式（13A以下）
台所水栓	2バルブ水栓以外
	手元止水機能：採用しない ／ 水優先吐水機能：採用する
浴室シャワー水栓	2バルブ水栓以外
	手元止水機能：採用しない ／ 小流量吐水機能：採用しない
洗面水栓	2バルブ水栓以外
	水優先吐水機能：採用しない
浴槽	浴槽保温措置：採用する

照　明

主たる居室（設置有）	電灯種別	LED電灯
	調光	採用しない
	多灯分散方式	採用しない
その他居室（設置有）	電灯種別	LED電灯
	調光	採用しない
非居室（設置有）	電灯種別	LED電灯
	人感センサー	採用しない

太陽光発電

アレイの種類	結晶シリコン系の太陽電池		
システム容量	3.48kW	パネル方位角	真南から東・西15度未満
アレイ設置方法	架台設置形	パネル傾斜角	30度
システム容量	2.32kW	パネル方位角	真南から東・西15度未満
アレイ設置方法	架台設置形	パネル傾斜角	20度
システム容量	2.32kW	パネル方位角	真南から東・西15度未満
アレイ設置方法	架台設置形	パネル傾斜角	90度

備　考

HEMS

column 1
ドイツと日本の家づくりの違い

　私は年に数回ドイツと日本を行き来するのだが、家づくりの違いを体感することが多い。日本を訪れた外国人に感想を聞く機会も多いが、概ね私が感じたことと一致する。昨今、日本でもZEHを通じ、温熱やエネルギーへの意識は高まってきたが、それは熱、音、風、光といったさまざまな環境要素の一部でしかない。低断熱、低気密ゆえに、冬場の日本の住宅は非常に寒いが、それだけではなく、寒さを発端に音、風、光が、外的刺激として溢れている。ドイツの住宅は、それら外的刺激をより少なくするよう設計されており、それが室内環境の豊かさにつながっている。

　具体的に、まず日本の住宅は、①断熱性能が低くて寒い→②急速に温められるエアコン等による暖房→③温風によるドラフトと過乾燥→④エアコン本体からのノイズ、光→⑤過乾燥を補うために加湿→加湿器からのノイズ、光→⑥窓や壁の断熱性能が低いことによる結露、カビの発生→⑦カビやダニ、臭気の発生に対処するための空気清浄機→⑧空気清浄機から出るノイズ、光……といった負の連鎖が発生している。室内の熱、音、風、光といった外的刺激が多いため冬季は喉の乾燥や鼻詰まり、アレルギー性鼻炎、ノイズや光による睡眠の質の低下等が起こりやすいのだ。日本に住んでいると、慣れてしまって気づかないかもしれないが、ドイツと日本を行き来する生活のなかでは明確にその差を感じる。これは建設業に携わる私だけではなく、一緒に帰国する家族や日本を訪れた外国人からも同様の感想が聞かれる。

　一方ドイツでは、①住宅の断熱性能が高い→②温水式のパネルヒーターや床暖房が一般的→③音や風、機器が発する光がない→④乾燥しない→⑤断熱性能が高いので結露しない→⑥加湿器も必要ない→⑦湿害対策への意識が高くカビの発生が少ない。

　ZEH化への流れのなかで、高断熱化は住環境の快適性向上への最初の第一歩であり、その先には音、風、光などさらなる室内の環境要素が見えてくる。補足するとドイツの住宅では、戸建て、共同住宅に関わらず、住宅内の間仕切り壁や室内扉は遮音対応となっており、住戸間だけではなく、居室間や水回りの音も伝わりにくくなっている。

　こういった外的刺激に敏感になると、「過敏ではないか」もしくは「色々な刺激が気になって生活が辛そうだ」と言われることがある。実際に高断熱住宅に引っ越した友人は、1、2℃の温度差や10%程の湿度の変化にもすぐ気づくようになったという。しかしそれは辛いことなのだろうか？

　外的刺激に敏感に反応する能力は、自分が住む環境を適切に判断できる能力として必要不可欠なものであり、それに慣れてしまって気づかないということは反対にリスクであるとも言える。例えば、足元の冷えに気づかず血行が低下し冷え性になる。室内の乾燥に気づかず朝起きたときに喉や鼻が乾燥し、風邪やインフルエンザにかかりやすくなる。室内の温度差を問題と思わずヒートショックを起こす、といったことである。そういったリスクに対し、敏感に気づきやすい人はすぐに対処することができる。

　建設業に従事するものとして「環境デザイン」の一つの定義は、快適な室内環境を設計・施工する能力であり、外的刺激に対する感覚が麻痺してしまっていれば適切な室内環境を設計・施工することは難しいであろう。ZEH化への流れのなかで、環境要素全体に対する意識が高まることを期待したい。（金田）

2章
ZEHの住まいのつくり方

2-1　ZEHの基礎知識

1　ZEHとは？

(1) ZEHの基本概念

ZEH（Net Zero Energy House：ゼッチ）とは、使うエネルギー量とつくるエネルギー量との差し引きが概ねゼロ以下となる住宅のことである。正確に言うと、「外皮の断熱性能等を大幅に向上させるとともに、高効率な設備システムの導入により、室内環境の質を維持しつつ大幅な省エネルギーを実現した上で、再生可能エネルギーを導入することにより、年間の一次エネルギー消費量の収支をゼロにすることを目指した住宅」である。

ZEHは（一社）日本建材・住宅設備産業協会の図にまとめられているように、高断熱化された躯体や太陽光発電等といった要素から構成される（図2・1）。また図2・2に示すように、①高断熱化、日射遮蔽等により、冷暖房に使う負荷を抑制しながら、夏は涼しく、冬は暖かい住環境を確保する。②自然エネルギー利用（再生可能エネルギーを除く）、③高効率設備の導入、により省エネ基準の住宅に比べて20％以上の省エネを実現する。その上で太陽光発電等の再生可能エネルギーによる創エネで正味100％省エネを達成したものである。

また、ZEHと同様に省エネ基準の住宅に比べて20％以上の省エネを実現しつつ、十分な太陽光発電量が確保できない場合も、正味で75％省エネを達成したものをNearly ZEHという。

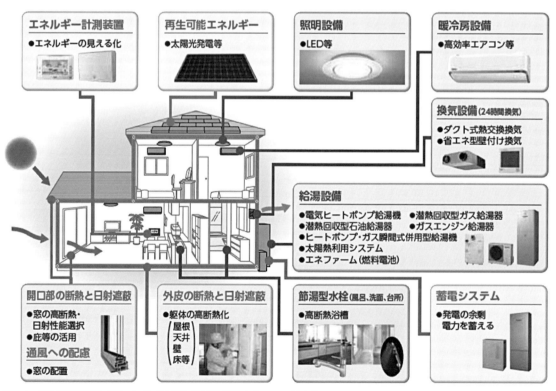

図2・1　ZEHの構成要素（出典：(一社)日本建材・住宅設備産業協会『ZEHのつくり方』）

※1 平成28年の省エネ基準。以降各年の省エネ基準は「H（昭和はS）○○基準」と表記する。

（2）ZEH 等の定義

経済産業省の「ZEH ロードマップ検討委員会とりまとめ（2015年12月）」において定められた ZEH および Nearly ZEH の定義は次のとおりである。

1）ZEH の定義

以下の①～④に適合した住宅。
① 強化外皮基準（ZEH 基準）
② 再生可能エネルギーを除き、基準一次エネルギー消費量から20％以上削減（H28基準※1より20％以上）
③ 再生可能エネルギーを導入（例：太陽光発電）
④ ①～③により基準一次エネルギー消費量から100％以上削減

2）Nearly ZEH の定義

上記の①～③に適合し、①～③により基準一次エネルギー消費量から75％以上削減した住宅。

（3）強化外皮基準（ZEH 基準）

竣工後に抜本的な改善が困難である躯体や外皮については、新築時に高性能なものが導入されることが望ましい。そのため ZEH および Nearly

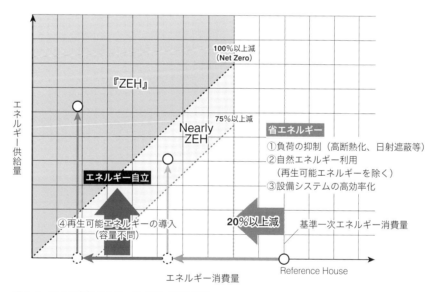

図2・2　ZEH の定義のイメージ（出典：経済産業省）

表2・1　外皮平均熱貫流率（U_A値）の基準

地域区分	1地域 （旭川等）	2地域 （札幌等）	3地域 （盛岡等）	4地域 （仙台等）	5地域 （つくば等）	6地域 （東京等）	7地域 （鹿児島等）	8地域 （那覇等）
強化外皮基準 （ZEH 基準）	0.4	0.4	0.5	0.6	0.6	0.6	0.6	—
省エネ基準	0.46	0.46	0.56	0.75	0.87	0.87	0.87	—

（出典：ZEH ロードマップ検討委員会とりまとめ）

ZEHにおいては、省エネルギー基準で定められている外皮基準以上の外皮性能として、表2・1に示す強化外皮基準（ZEH基準）への適合が求められている。

2 ZEHのメリット

ZEHの普及は、家庭部門の省エネルギー、省CO_2促進により、「地球環境保全」「エネルギー安定供給」「経済効率性」等に貢献が可能であり、社会全体としての意義が大きい。

一方で、ZEHに住まう居住者にとっては、次の四つのメリットがある。ZEHの普及に向けては、これらのメリットを工務店や設計者が十分に理解した上で、施主に伝えることが肝要である。

（1）光熱費の削減によるランニングコストの削減

ZEHの住宅は、高断熱化等による冷暖房負荷の削減、高効率設備による省エネ、太陽光発電等の創エネによる自家消費および売電による経済メリットにより、光熱費を大幅に削減することができる。

ZEH仕様にするために、躯体の高断熱化、高性能サッシ・高効率エアコン・効率給湯器・熱交換型換気扇・太陽光発電の採用等により、省エネ基準レベルの仕様の住宅に比べて価格は当然高くなる。このイニシャルコストの増額分に対して、ランニングコストの削減額をきちんとシミュレーションして示すことが重要である。

表2・2は、資源エネルギー庁ホームページで示されているZEH仕様による年間光熱費の削減額の例である。比較対象が省エネ基準以前の住宅である点に留意が必要であるが、このようなかたちで省エネ基準の仕様に対する光熱費の削減額のシミュレーションを示すことができれば、イニシャルコスト増に伴う住宅ローン返済の増額分とのバランスで判断が可能になる。そのため、ZEHへの取り組みに対する施主の理解が得やすくなる。

表2・2　ZEHの経済性

CASE 1	一戸建 （築38年）	新築戸建の場合 [6地域（東京）]	CASE 2	賃貸マンション （築15年）	新築戸建の場合 [6地域（東京）]
	以前の住まい	ZEH		以前の住まい	ZEH
築年数	築38年	—	築年数	築15年	—
構造	鉄骨2階	木造平屋	構造	RC造マンション	木造2階建
延床面積	92m²	94m²	延床面積	60m²	120m²
給湯器	ガス給湯器	潜熱回収型ガス給湯器	給湯器	ガス給湯器	潜熱回収型ガス給湯器
主たる居室の暖房	ガスストーブ	温水式床暖房+個別AC	主たる居室の暖房	個別AC	温水式床暖房+個別AC
主たる居室の冷房	個別AC	高効率個別AC	主たる居室の冷房	個別AC	高効率個別AC
太陽光発電出力	なし	3kW	太陽光発電出力	なし	4kW
年間光熱費	19万7746円	3万7101円	年間光熱費	16万8254円	プラス2万6819円
	年間約16万円の削減			年間約16万円の削減	

注：ZEHの年間光熱費は、電力料金、ガス料金の支払額から太陽光発電による売電価格を引いて算出している。　　　（出典：経済産業省資源エネルギー庁（ENEX2016））

※2　外皮については、U_A値に加えて、各地域の省エネ基準（η_A値、気密・防露性能の確保等の留意事項等）を満足することが要件。

（2）高断熱化による健康改善効果

住宅の断熱性能が居住者の健康状態に大きく影響するということが明らかになっている。主に、ヒートショックリスクの軽減、アレルギーや喘息等の症状の緩和という二つの点から、断熱性能の向上に健康改善効果があるとされている。これらの点については、2-2 で詳しく触れたい。

ただ日本においては、住宅の断熱性能等が省エネ基準として定められていることもあり、健康改善効果についての消費者の認知度は必ずしも高くない。一方、欧米では居住者の健康という観点から基準を定めている国や地域が多い。例えばアメリカのいくつかの州では、賃貸住宅のオーナー向けの規定として、最低室温規定が定められている。ニューヨーク州では、居住に使用されている屋内の全ての部分について、6〜22 時は 20℃、22〜6 時は 13℃ 以上を維持できる性能が要求されている。またイギリスでは、寒さによる健康リスクから住宅の最低室温の基準が定められており、基準を満たさない断熱性能の劣る賃貸住宅の所有者に対しては、改修・閉鎖・解体命令等が下される。

このように欧米では、住環境の低温リスクを鑑みた居住者の健康という観点から、日本の省エネ基準よりもはるかに厳しい断熱性能が要求されていることは知っておきたい。

（3）高断熱化による快適性の向上

ZEH は、省エネ基準レベルの住宅より気密・断熱性能が高いため、快適性も向上する。ただし、気密性能は ZEH の定義との関係が弱い。必ずしも ZEH ＝高気密ではない※2 点には留意が必要である。

高断熱化により、冬暖かく、夏涼しい快適な住環境を確保できる。これは、室内の温度差が小さくなることによるものが大きい。まず、「コールドドラフト」と呼ばれる冬季に暖かい室内の空気が冷たい窓ガラスに触れて冷やされ床面に下降する現象が起きにくくなる（図2·3）。そのため室内の上下の温度差が小さくなり、足元が冷えにくくなる。

また、居室間の温度差も小さくなり、温かいリビングと、室温が低くなりやすいトイレ・脱衣室・浴室等との温度差が小さくなる。これは快適性だけでなく、ヒートショックのリスク軽減にもつながる。

さらに、室内側壁面の温度が外気温の影響を受けにくく室温に近い温度が維持される。そのため壁面からの輻射熱の影響が少なくなる。これは快適性を高めるとともに、冬季には暖房の設定温度を低く、夏季には冷房の設定温度を高くしても十分に快適な環境を確保することが可能になる。

また、断熱性能＝遮音性能ではないが、一般に

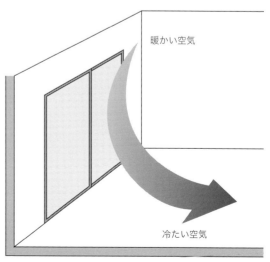

図2·3　コールドドラフト

断熱性能の向上は遮音性能の向上にもつながり、外部からの音が気にならない静かな室内環境も確保できる。

(4) 防災・減災性能の向上

ZEH仕様の住宅は、防災・減災という観点からもメリットが大きい。なぜなら躯体が高断熱であることにより、災害時に過酷な外部環境に晒されなくて済む。特に冬季に暖房エネルギーが確保できない事態においても一般的な住宅に比べると室温の低下を防ぐことができる。

また太陽光発電により停電時も日中は電力の確保が可能である。さらに蓄電池やEV（電気自動車）と住宅との間で電力を充放電できる設備、太陽光発電により沸き上げが可能なエコキュート等と組み合わせることで、さらにエネルギー自立性を確保することが可能になる。

3 ZEH実現のコツ

(1) ZEHに求められる基本性能

前述のとおり、ZEHには、①強化外皮基準（ZEH基準）、②基準一次エネルギー消費量から20％以上削減、③再生可能エネルギーの導入（例：太陽光発電）、④①～③により基準一次エネルギー消費量から100％以上の削減が求められる。

簡単に言えば、まずZEHの基準を満たす断熱性能（U_A値）を確保し、省エネ設備の導入と併せて20％以上の一次エネルギー消費量を削減する。そしてエネルギー収支をゼロにするために必要な容量の太陽光発電等の創エネルギー設備を導入することになる。これらの目安となる仕様は、**2-5**資料編で示す。

例えば4～7地域（概ね仙台以南）では、0.6以下のU_A値の確保が必要であるが、外壁は付加断熱なしで充填断熱だけで十分に実現できるレベルであり、省エネ基準レベルの住宅に比べて、極端に高い技術レベルが要求されるわけではない。

ただし補助金を活用するためには、その家がZEHの条件を満たしていることを示すことが求められる。外皮計算および一次エネルギー計算が必要となり、資料として「外皮計算書」および「一次エネルギー計算書」という書類が必要になる。一次エネルギー消費量と外皮性能の計算については、**2-5**で触れる。

(2) BELSによるZEH表示

ZEHに係る補助金を活用する場合、ZEHの基準を満たしていることを示さなければならない。その際、外皮計算書および一次エネルギー計算書の提出が必要だが、基本的には「BELS（ベルス）」という第三者認証を受けることになる。

BELSとは、国土交通省が定めた「建築物の省エネ性能表示のガイドライン（建築物のエネルギー消費性能の表示に関する指針）」に基づく第三者認証制度である。（一社）住宅性能評価・表示協会が制度運営しており、第三者認証はBELS評価機関が行う。基準一次エネルギー消費量に対し設計一次エネルギー消費量の削減率何％かを算出し、星の数により5段階で表示される。最高レベルは星5つであり、ZEHにはこの5つ星が求められる（図2・4）。

国の各省のZEHに係る補助制度においては、BELSを活用した申請手続の共通化が図られている。

プレートタイプ　　　　　　　　ラベルタイプ

図2・4　BELSによるZEH表示　(出典：㈱日本ERI)

(3) ZEH補助金活用時の留意点

ZEHに係る国の支援制度を活用する際には、ZEHの条件の他に、いくつかの追加要件を満たすことが必要になる。複数の支援制度があるため、各制度ごとの公募要領等の確認が必要であるが、例えば、2017年度の「ネット・ゼロ・エネルギー・ハウス（ZEH）支援事業」においては、次の2点への対応も必要であった。

① ZEHビルダー登録

「ZEHビルダー」が設計、建築または販売を行う住宅であることが要件の一つである。「ZEHビルダー」とは、(一社)環境共創イニシアチブ（SII）に登録されたハウスメーカー、工務店、建築設計事務所、リフォーム業者、建売住宅販売者等であり、ZEH普及実績およびZEH普及目標等を自社ホームページ等で表示することが求められている。ZEHビルダーの登録社数はすでに7000社（2018年11月時点）を超えている。ZEHに取り組む住宅事業者であることを示すためにも登録は必須である。

② HEMSの設置

一定の要件を満たすエネルギー計測装置（HEMS）の導入が求められた。具体的には、「ECHONET Lite」規格を標準インターフェイスとして搭載し、1台で住宅1棟の全エネルギーを計測できるエネルギー計測装置を導入することとなっている。

(4) ZEH実現時の留意事項

ZEHの住まいづくりにおいては、高断熱化が重要であり、強化外皮基準（ZEH基準）への適合が必要である。高断熱化を図る上では、単に数値上でU_A値の要件を満たすだけではなく、次の3点に留意したい。

① 整形の平面計画等

H25基準以降、外皮の基準は従来のQ値からU_A値に変更されている。Q値は、建物全体の熱損失量を床面積[m²]で除した値であったのに対し、U_A値[W/m²・K]は、外皮面積で除した値に変更さ

れた（図2・5）。いずれも数値が小さいほど断熱性能が良いことは変わらないが、Q値は小規模や複雑な形状の住宅で床面積に対する外皮面積の割合が大きくなることで算出結果が不利になる傾向があったが、U_A値は規模・形状による影響を受けにくくなっている。つまりU_A値は外皮（壁・屋根・窓・床等）の断熱仕様の、より純粋な評価指標であるといえる。

しかし実際は、同じ仕様と床面積でも家の形状によって断熱性能や省エネ性能は異なる。性能上は正方形に近いシンプルな形状が一番有効だ。ただし、南面からの日射取得と西日の日射遮蔽を考慮すると、南北面が長い長方形が望ましい。凹凸は外壁表面積が増え（熱損失が増え）、断熱性能が悪くなる。また、外壁表面積は、小さい方が建築費用や後のメンテナンス費用も抑えることができる。実際の設計では、こうした点に十分に留意し、極力シンプルな形状にするようにしたい。

②日射遮蔽・日射取得

住宅の高断熱化に応じて、日射遮蔽・日射取得への設計上の配慮も重要になる。高断熱住宅の場合、夏期は庇等による日射遮蔽を十分に行わず日射を採り込んでしまうと、熱の逃げ場所がないためオーバーヒートを起こしてしまう。逆に冬期は、太陽高度の違いを利用し日射を十分に採り込むことで、暖房負荷を軽減するように配慮したい。

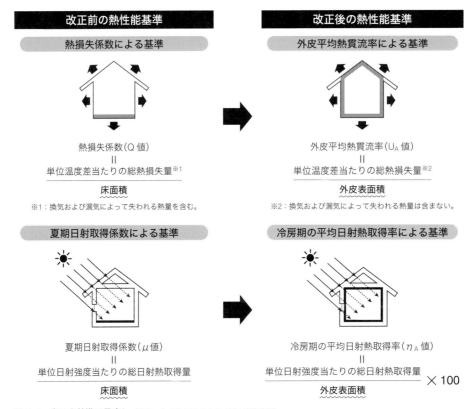

図2・5　省エネ基準の見直し（出典：(一社)日本サステナブル建築協会）

日射遮蔽・日射取得に配慮したプランニングのコツについては、3-1 を参考にしていただきたい。

③気密性能の確保

現在の省エネ基準やZEHの基準には、気密性能に関する基準は定められていない。ただし住宅の高断熱化を図る上では、同時に高気密化を図ることも重要になる。気密性能の向上には、①漏気負荷削減による省エネルギー化と室内温度環境の快適性向上、②壁体通気を抑制し断熱性能の低下を防止する、③壁体内結露の防止、④計画換気の性能保持、等のメリットがある。

消費者も高気密・高断熱化の重要性への認識を高めていることから、ZEH に取り組む際には気密性能に配慮し、気密測定の実施等にも取り組むようにしていきたい。

4 ZEHの普及に向けた政策

(1) ZEH 普及に向けたロードマップ

「エネルギー基本計画」（2014 年 4 月閣議決定）において、「住宅については、2020 年までに標準的な新築住宅で、2030 年までに新築住宅の平均で ZEH の実現を目指す」とする政策目標が設定されている。

この目標の達成に向けて、ZEH の現状と課題とそれに対する対応の方向性の検証・検討を実施することを目的として、経済産業省により ZEH ロードマップ検討委員会が設置され「とりまとめ」が公表された（図 2・6）。

このなかで、前述のZEHの定義が明確化されるとともに、次の 3 点がまとめられている。

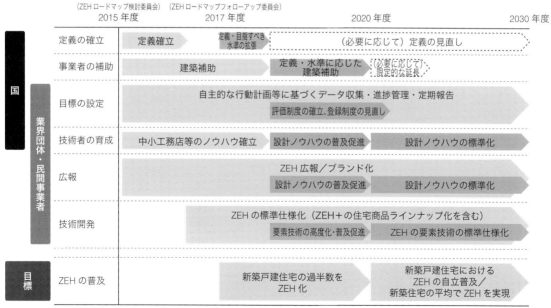

図 2・6　ZEH 普及に向けたロードマップ（フォローアップを受けた更新・簡易版）
（出典：ZEH ロードマップフォローアップ委員会とりまとめ（2018 年 5 月））

① ステークホルダーごとに必要な施策を着実に推進するとともに、2020年、2030年の政策目標の達成に向けて、定期的に進捗状況を確認し、必要な施策の見直しを図っていくことが重要である。

② ZEHの実現にあたって、パッシブ設計による冷暖房負荷軽減が重要な要素となる。今後の課題として、ZEHの普及促進のためには、パッシブ設計に代表される高性能躯体設計や設備を適切に評価することが重要である。

③ 今後、民生部門におけるエネルギー消費削減に向け、快適・健康に住まいつつ賢くエネルギーを使用するライフスタイル等運用段階も含めた取り組みや、既築ストックのZEH化改修に関する取り組みの検討も不可欠である。

(2) ZEH普及に向けた国の支援策と役割分担

ZEH等の普及推進については、経済産業省・国土交通省・環境省の3省が連携して取り組んでいくことが明確にされている。ZEHに対する支援策として、経済産業省は「将来の更なる普及に向けて供給を促進すべきZEH」として、より高性能なZEH、建売住宅、集合住宅（中高層）に対する支援を行っていくとしている。また、環境省は「引き続き供給を促進すべきZEH」として注文住宅、集合住宅（低層）に対する支援、国土交通省は「中小工務店が連携して建築するZEH」としてZEHの施工経験が乏しい事業者に対する優遇をしていくとしており、3省が連携および役割分担をしながら取り組みを進めている（図2・7）。

また3省は、関連情報を一元的に提供していくとともに、省エネ性能表示（BELS）を活用した申請手続きの共通化も図るとしている。

このような役割分担に基づき、2018年度に経済産業省は、「ZEH＋実証支援事業」として、ZEHの普及目標を掲げたZEHビルダーによるZEH＋（ゼッチプラス：現行のZEHより省エネをさらに深掘りするとともに、設備のより効率的な運用等により太陽光発電等の自家消費率拡大を目指したZEH）の導入や、集合住宅におけるZEHの実証等

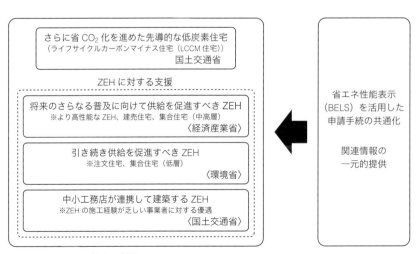

図2・7　国のZEHに対する支援 （出典：経済産業省）

への支援を行っている。また「分譲建売住宅におけるZEH実証支援事業」により分譲建売住宅への支援も行っている。

環境省は、「ZEH等による低炭素化促進事業」として、ZEHの交付要件を満たす戸建住宅の新築・改修に対して補助（一定の要件を満たすもの対しては補助額増額）を行っている。

国土交通省は中小工務店に対して、「地域型住宅グリーン化事業」の高度省エネ型でゼロ・エネルギー住宅に対しての補助を行うとともに、「サステナブル建築物等先導事業」の一環として、ZEHの上位概念であるLCCM住宅（ライフサイクルカーボンマイナス住宅）へも支援する。

さらに経済産業省と環境省は、前述のとおり役割分担しながら集合住宅のZEH（ZEH-M）への支援も行う予定だ。

(3) これからのZEHの展開

上記のロードマップに基づき、官民連携による各種の取り組みが行われており、2020年目標の達成に向けた進捗状況の評価と2030年目標の達成に向けた課題と対応の方向性の検討を目的として、2017年7月から「ZEHロードマップフォローアップ委員会」が設置された。この委員会の「とりまとめ」の、「4. ZEHの普及に係る諸課題への対応の方向性」において、次のような方向性がまとめられている（表2・3）。

1) ZEH＋

「将来においても住宅用の太陽光発電設備等の再生可能エネルギー発電設備は引き続き重要であ

表2・3　戸建住宅のZEH化に係る現状と今後の方向性

分類・通称	外皮基準（U_A値）			省エネ率		その他要件・備考
地域区分	1・2	3	4～7	（再エネ除く）	（再エネ含む）	
『ZEH』 （ネット・）ゼロ・エネルギー・ハウス	≦ 0.40	≦ 0.50	≦ 0.60	≧ 20%	≧ 100%	・再生可能エネルギー導入 （容量不問。全量売電を除く）
『ZEH＋』	≦ 0.40	≦ 0.50	≦ 0.60	≧ 25%	≧ 100%	・上記に加え、※3のうち2項目以上
Nearly ZEH 準（ネット・）ゼロ・エネルギー・ハウス	≦ 0.40	≦ 0.50	≦ 0.60	≧ 20%	≧ 75% ＜ 100%	・再生可能エネルギー導入 （容量不問。全量売電を除く）
Nearly ZEH＋	≦ 0.40	≦ 0.50	≦ 0.60	≧ 25%	≧ 75% ＜ 100%	・上記に加え、※3のうち2項目以上
ZEH Oriented ゼロ・エネルギー・ハウス指向型住宅	≦ 0.40	≦ 0.50	≦ 0.60	≧ 20%	—	・再生可能エネルギー未導入も可 ・都市部狭小地に建設された住宅に限る

※1：外皮については、U_A値に加えて、各地域の省エネ基準（η_{AC}値、気密・防露性能の確保等の留意事項等）を満足することが要件。
※2：考慮する再生可能エネルギー量の対象は、敷地内（オンサイト）の発電設備からのものに限る。
※3：ZEH＋の追加要件は、次の3要素のうち2つ以上。
　①外皮性能のさらなる強化：U_A値[W/m²・K]が地域区分ごとに次の値相当以下であること。
　　　　　　　1・2：0.30、3～5：0.40、6・7：0.50（4・5地域については、当分の間、0.50以下）
　②高度エネルギーマネジメント：HEMSにより、太陽光発電設備等の発電量等を把握したうえで、住宅内の暖冷房、給湯設備等を制御可能であること。
　③電気自動車を活用した自家消費の拡大措置：太陽光発電設備により発電した電力を電気自動車等に充電し、または電気自動車と住宅間で電力を充放電することを可能とする設備を設置し、車庫等において使用可能としていること。

（出典：ZEHロードマップフォローアップ委員会とりまとめ（2018年5月））

ること、再生可能エネルギーの発電コストの低下に伴い売電だけでなく自家消費が合理的な選択肢の一つとなることも想定されること等を考慮すると、将来のZEHには次の要素が備えられることが望ましい。」として、広義のZEHの定義（ZEHおよびNearly ZEHに限る）を満足した上で、ZEH＋と呼称する次のような住宅普及促進を図るべきであるとしている。

Ⅰ．更なる省エネルギーの実現
例）再生可能エネルギーを除き、基準一次エネルギー消費量から25％以上の一次エネルギー消費量削減

Ⅱ．売電のみを前提とせず、自家消費を意識した再生可能エネルギーの促進に係る措置
例）次の3要素のうち2要素以上を採用

①外皮性能の更なる強化

U_A値［$W/m^2・K$］が次の値相当以下であり、暖冷房負荷の一層の低減等が可能であること。

　　1・2地域　：0.30
　　3～5地域：0.40
　　6・7地域　：0.50 [※3]

②高度エネルギーマネジメント

HEMS（Home Energy Management System）により、太陽光発電設備等の発電量等を把握した上で、住宅内の暖冷房設備、給湯設備、省エネ設備等を制御可能であること。すなわち、HEMS、暖冷房設備および給湯設備等（蓄電池やコージェネレーション設備（燃料電池に限る）を設置する場合には、これらの設備を含む）について、いずれもECHONET Lite AIF仕様に適合し、認証を取得している機器を設置（アダプタが分離されている場合は当該アダプタを含む）すること。なお、これにより、将来的に蓄電池等と連携することで、ディマンドリスポンス（Demand Response）やバーチャルパワープラント（Virtual Power Plant）に参加可能となる。

③EV等を活用した自家消費の拡大措置

太陽光発電設備等により発電した電力をEV（プラグインハイブリッド車を含む）に充電することを可能とする設備またはEVと住宅間で電力を充放電することを可能とする設備を設置し、車庫等において使用を可能としていること（分電盤において所要の容量を確保し、および漏電ブレーカーの設置等の所要の措置を講じることを含む）

2) Nearly ZEHおよびZEH Oriented

「気象条件や建築地特有の制約等により、『ZEH』の実現が困難な場合においても、当該前提条件の範囲内で可能な限り『ZEH』を目指した取り組みへと誘導することが省エネルギー政策上望ましい。このため、気象条件や建築地特有の制約等に応じて、次のとおり、広義のZEHの定義のうちで、建築補助による誘導施策等の対象とすべき「目指すべき水準」を定めることが必要である。」として、寒冷地（地域区分1または2地域）、低日射地域（日射区分A1またはA2の地域）および多雪地域（垂直積雪量が100cm以上である地域）については「Nearly ZEH」、都市部狭小地（北側斜線制限の対象となる用途地域）であって、敷地面積が85m²未満である土地、ただし住宅が平屋建ての場合は除く）については、「ZEH Oriented」を定義している。

3) 建売戸建住宅におけるZEHの普及促進

「建売戸建住宅については、注文戸建住宅に比べ、土地と建物の総額の抑制がより強く求められる市場である。また、消費者の価格選好が比較的強い傾向にあり、立地が高く評価される一方、省

※3 4・5地域については、当分の間（最長2か年程度）、0.50以下であれば上記の要素を満たすものとみなす。

エネ性能（断熱性能）は評価されづらく、現状、注文戸建住宅に比べて、高断熱化、自然エネルギー利用、省エネ設備の普及や太陽光発電設備の普及は進んでいない。

今後、2030年の政策目標の実現に向けた建売戸建住宅でのZEHの普及を実現するためには、建売戸建住宅市場において、注文戸建住宅と同様に省エネ性能が評価されるように誘導することが前提となる。

そのため、まずは街区等単位でZEHを実現し、建築物省エネ法第7条に基づく省エネ性能表示（BELS等）を活用して差別化することで、消費者に対してZEHの価値を訴求することが求められる。この際、不動産流通事業者等の役割も期待される。また、消費者の価格選好が比較的強い傾向にあるなかでも、ZEH化による追加コストを許容するためには、光熱費削減、健康、快適性向上等のコベネフィット（Co-Benefit）を効果的に訴求することが重要である。

さらに、建売戸建住宅における街区等単位でのZEHの実現・普及と並行して、建売戸建住宅の特性を活かしながら、太陽光発電設備を含む要素技術の標準仕様化等をすすめ、その高性能化・低コスト化を図ることが求められる。」としている。

その他、「とりまとめ」のなかには、注目すべき点として、次のような記述がある。

4) ZEHビルダー評価制度

「ZEH普及に係る先導的な取り組みを進めている登録事業者が評価される制度の導入を検討することが望ましい。」として、下記の評価項目案を踏まえ、1つ星（最低ランク）から5つ星（最高ランク）の5段階で評価するとしている。

① 前年度のZEHビルダー実績を報告している。

② 前年度のZEHビルダー実績および各年のZEH普及目標・実績を自社ホームページのトップやそれに準ずるページで表示している。

③ ZEHビルダーとしてZEHシリーズの建築実績を有する。

④ 前年度のZEH普及目標を達成している。または、年間に供給する住宅の過半以上がZEHシリーズとなっている。

⑤ 次のいずれかに該当する。

・ZEHビルダー実績報告の際にZEHおよびNearly ZEHのU_A値、並びにエネルギー消費削減率の分布を報告している

・2020年までに自社で建設する全物件へのBELS表示を目標に掲げ、毎年度、自社物件のBELS表示割合について報告する。または、国土交通省地域型住宅グリーン化事業における「BELS工務店」として登録を受けている

さらに、「全てのZEHビルダーがより高い評価を目指すように誘導するため、まずは、5つ星（最高ランク）のZEHビルダーを取得した登録事業者名のホームページでの公表について検討する。」としている。

5) ZEHプランナー・マーク

「建築設計事務所等においては、自身は『ビルダー』ではないとの認識のもとでZEHビルダーへの登録が十分進んでいない状況を踏まえ、『ZEHプランナー』の呼称やそれに対応した『ZEHプランナー・マーク』の活用も可能することについて検討が必要である。」として、設計者の積極的な対応を促す仕組みについても言及されている。

2-2 高断熱で夏は涼しく、冬は暖かい住宅

■1 高断熱化による健康メリット

　住宅を高断熱化すると、冷暖房に使うエネルギー量が削減できるだけではなく、居住者の健康にもよい影響を与えることが明らかになっている。消費者の関心も急速に高まっており、ZEHの設計に取り組む上では、必須の知識になりつつある。

(1)「いえのつくりやうは、夏をもって旨とすべし」は過去のこと

　兼好法師は徒然草に、「いえのつくりやうは、夏をもって旨とすべし」と書き残している。現代でも設計者や住宅事業者のなかには、この言葉を胸に刻んで住まいづくりを行っている事業者も多い。
　厚生労働省の人口動態統計によると、昔は夏の死亡率が高かったようだ。もちろん兼好法師の時代のデータは残っていないが、図2・8に示すように、1910年頃は夏の死亡者の割合が高かった。これは、定かではないが冷蔵庫等がまだあまり普及しておらず、物流システムも現代ほどは整備されていなかったため、食あたり等による死亡が多かったと言われている。ところが徐々に夏冬が逆転し、1970年以降は圧倒的に冬の死亡率が高くなっている。現在は、すべての先進国で冬の死亡率の方が高い。ゆえに、現代では「いえのつくりやうは、冬をもって旨とすべし」となる。しかしスウェーデンやカナダ等の寒冷地の先進国では、季節間の死亡率の差は、日本各地（北海道以外）ほど大きくない。これは、冬の気候が厳しい地域では、古くから冬を旨とした家づくりが推進されているからと考えられている。つまり、北海道を除く日本の冬期の死亡率が他の先進国に比べて高いのは、住まいの断熱性能不足に起因していると考えられる。

(2) ヒートショックリスクの軽減

　そもそも、なぜ日本では冬の死亡率が高いのだろうか？　図2・9は、厚生労働省の「人口動態統計特殊報告」に基づく2008年の月別の溺死者数を示したものだ。溺死というと夏に海水浴場等で溺れることをイメージしがちだが、実態はそうではない。グラフが示すとおり、溺死者数は圧倒的に冬期が多い。これは、「ヒートショック」に起因するもので、家庭の風呂での発生比率が非常に高い。
　ヒートショックは、最近ようやく一般にも知ら

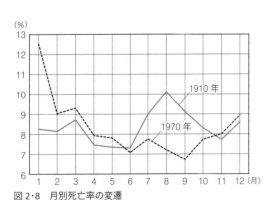

図2・8　月別死亡率の変遷
（原出典：厚生労働省人口動態統計（近畿大学岩前篤教授））

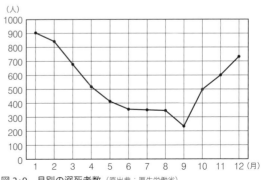

図2・9　月別の溺死者数　（原出典：厚生労働省）

本節の図 2・13、14、24 以外は『『燃費性能』と『健康性能』から考える これからの住まいづくり読本』((一社) エネルギーパス協会)から引用した。
※ 4 消費者庁「冬季に多発する高齢者の入浴中の事故に御注意ください！」(2018 年 1 月 26 日更新)
　　 http://www.caa.go.jp/policies/policy/consumer_safety/caution/caution_013/
※ 5 警察庁「平成 29 年中の交通事故死者数について」(2018 年比)

れるようになってきた。これは、急激な温度変化により身体が受ける悪影響のことを指す(図 2・10)。例えば、暖かいリビングから、寒い脱衣室、浴室、トイレ等、温度差の大きいところへ移動すると、急激な温度変化によって血圧が急変するため、脳卒中や心筋梗塞等を引き起こすリスクが増大する。つまり、断熱・気密性能の低い家では、室内の温度差が大きくなるため、ヒートショックのリスクが高くなる。

消費者庁によると、入浴中の急死者数は約 1 万9000 人と推計されたことがあるという[※4]。これは、交通事故死者数の 5 倍以上にも上る[※5]。

また、ヒートショックは、寒冷地で起こりやすいと思われがちだが、そうではない。表 2・4 は、東京都健康長寿医療センター研究所の調査による都道府県別高齢者の人口あたりの入浴中心肺停止状態発生率の上位と下位のランキングである。発生率の高い順に、香川県、兵庫県、滋賀県と続き、和歌山県や愛媛県といった温暖な地域が上位に名前を連ねている。一方、北海道や青森県等、高断熱住宅が普及している寒冷地では発生率が低くな

図 2・10　寝室・廊下・トイレの温度差イメージ
(原出典：近畿大学岩前研究室)

表 2・4　入浴中　心臓機能停止者 (CPA) 発生件数　都道府県 (上位・下位　2011 年)

順位	都道府県名	高齢者人口 (人)	CPA 件数 (件)	高齢者 1 万人あたり CPA 件数 (件)
1	香川県	18 万 7106	134	7.16
2	兵庫県	85 万 5166	552	6.45
3	滋賀県	26 万 5727	155	5.83
4	東京都	265 万 2310	1545	5.83
5	和歌山県	23 万 495	133	5.77
6	島根県	16 万 9956	94	5.53
7	愛媛県	23 万 6939	125	5.28
8	京都府	20 万 695	104	5.18
9	奈良県	22 万 7621	117	5.14
10	佐賀県	17 万 3761	86	4.95
43	高知県	18 万 8032	49	2.61
44	青森県	35 万 9829	93	2.58
45	山梨県	18 万 1184	46	2.54
46	北海道	129 万 4989	263	2.03
47	沖縄県	7 万 8677	14	1.78

(原出典：「我が国における入浴中 心肺停止状態 (CPA) 発生の実態」東京都健康長寿医療センター研究所他)

っている。

　ヒートショックリスクを低減するためには、寒冷地に限らず、断熱・気密性能を引き上げ、「冬を旨とする」健康な住まいづくりを考えていくことが必要不可欠である。

(3) 高断熱住宅は喘息・アレルギー等の症状も改善する

　住まいの断熱性能を高めるべき理由は、ヒートショックリスクを低減するためだけではない。実は、アトピー、アレルギー性鼻炎、喘息等の症状も緩和される傾向が見られることがわかっている。

　図2・11は、近畿大学建築学部の岩前研究室が、新築住宅に引っ越した2万人以上の方々を対象に、転居後の住宅の断熱グレードと住まいの健康影響に関するアンケート調査を行った結果だ。

　断熱グレード3はH4基準と呼ばれる古い基準の断熱グレードの住宅（Q値4.2）、グレード4は、次世代省エネ基準(H11基準≒H25基準：Q値2.7)、グレード5はそれ以上の高断熱住宅（Q値1.9）を指す。図2・11からわかるとおり、より断熱性能の高い住宅に引っ越した人の方が症状の改善率が高い。特に注目すべきなのは、国が定める省エネ基準（グレード4）よりも高い断熱グレードの住宅に引っ越した方が、より症状の改善が見られた点だ。つまり喘息・アレルギー等の症状改善という観点から考えても、国の省エネ基準レベルでは不充分であり、より高い断熱グレードにすることが望ましい。昨今、断熱性能の高い住まいが推進されている最も大きな理由の一つが、この「健康増進効果」だ。筆者も数多くの高断熱住宅を手がけてきたが、実際に引っ越してからアトピーや喘息等のアレルギー性疾患の症状が解消、または軽減したという声を多数耳にしている。

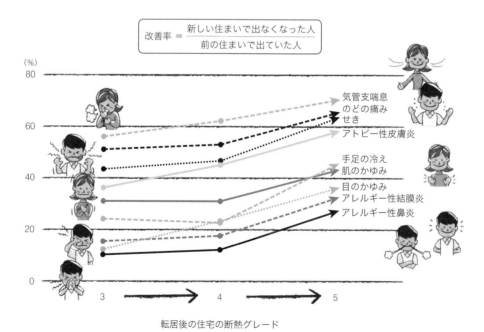

図2・11　住宅の高断熱化による健康改善効果（原出典：近畿大学建築学部岩前研究室）

(4) 喘息等のアレルギーの要因となる結露による「カビ」「ダニ」

では、なぜ住まいの断熱性能を向上させると、アレルギーや喘息等の症状が改善するのか？これには結露による「カビ」「ダニ」が関係していると考えられる。

住宅内では、結露が原因となりカビが発生し、さらにカビはダニの栄養源になるため、ダニが増加する要因になる（図2・12）。そしてこのカビやダニがアレルゲンとなり、気管支喘息、過敏性肺炎、アトピー性皮膚炎、アレルギー性鼻炎、アレルギー性結膜炎等のアレルギー症状の悪化を引き起こすと考えられている。もちろんこれらの症状は、カビ・ダニアレルゲン以外に起因することもあるため、断熱性能が高ければアレルギー症状が解消されるとは一概には言えないが、断熱性能の高い家に転居して、これらの症状が改善されたケースも多いことは前述のとおりだ。

カビ、ダニを発生させる要因となる結露は、一般的には冬に起こる。空気は温度によって含むことができる水蒸気量が異なり、暖かい空気ほど多くの水蒸気を含むことができる。断熱性能が低い住まいの場合、冬の室内側の壁や窓の表面温度が大きく下がり、暖房で温められて水蒸気をたっぷり含んだ空気が壁や窓で冷やされて結露が生じる。つまり、住まいの断熱性能を高めて、壁や窓の表面温度を低下しにくくすれば、結露は生じにくくなる。

結露には、「表面結露」と「内部結露」の二つがある。表面結露は、文字どおり窓や壁・天井の表面で発生する結露である。内部結露は、室内の暖かい空気が壁（断熱材）の内部に侵入し結露するものだ。内部結露は、カビやダニの発生原因となるだけでなく、柱や土台を腐らせ、家の寿命を縮める原因にもなるので、結露対策は家づくりにおいて非常に重要な要素である。

(5) 睡眠の質の向上

日本の成人の3人に1人は「寝つきが悪い」「睡眠中に目が覚める」等の不眠症状に悩んでいるという。不眠は、眠れないという苦痛だけではなく、日中の眠気や体のだるさ、集中力低下等、体と心に多くの悪影響を及ぼす。

実は、高断熱住宅に住み替えた人からは、快眠できるようになったという声が多い。寝つきがよく、朝スパッと起きられ、前日の心身の疲れがしっかりと回復できるというのだ。

 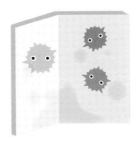 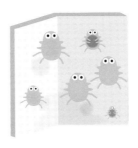 

①結露でじっとり　　②カビがはえる　　③ダニが増殖　　④アレルゲンになる

図2・12　結露に始まる恐怖の連鎖

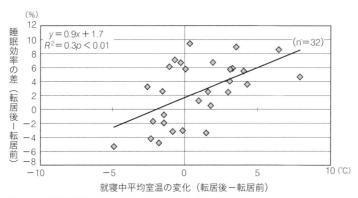

図 2・13 就寝中平均室温の変化と睡眠効率の変化の関係（出典：慶応義塾大学伊香賀研究室）

実際に、住まいの断熱性能を高めると睡眠の質も向上することが明らかになっている。例えば、慶應義塾大学理工学部の伊香賀研究室は、「高断熱住宅への住み替えによる冬季の睡眠の質への影響」に関する調査研究を行っている。住み替え前の住宅の性能は、無断熱か S55 基準、住み替え後の住宅の性能の平均は、4 地域が Q 値 2.0、5〜7 地域が Q 値 1.9、4〜7 地域の C 値の平均は 0.4 という高断熱・高気密住宅であった。そのため、睡眠中の寝室の室温低下は住み替え前に比べて減少し、逆に起床時の室温の平均は住み替え前の 13.8℃ から住み替え後は 15.9 に上昇している。また、着衣量や飲酒割合等の影響を及ぼす因子を除外した分析において、睡眠効率は、睡眠中の室温 1℃ 上昇により 0.73% 改善し、中途覚醒回数は睡眠中の室温 1℃ 上昇により 0.18 回減少している。

厚生労働省が公表している「健康づくりのための睡眠指針 2014」に、「温度は中途覚醒と関係する」との記述があるが、本調査によってその関係が定量的に明らかにされた。

また、転居に伴う就寝中平均室温変化量（転居後の就寝中平均室温－転居後の就寝中平均室温）を横軸、睡眠効率変化量（転居後の睡眠効率－転居後の睡眠効率）を縦軸とした散布図が図 2・13 である。これを見ると、就寝中平均室温の上昇が大きい高断熱住宅に転居した対象者ほど睡眠効率が向上する傾向が明らかにされている。

2 高断熱化で夏は涼しく、冬は暖かい住宅とは？

(1) 日本の住宅性能は先進国で最低水準？

日本における省エネの取り組みは、よく「乾いた雑巾」に例えられるように、日本は省エネ先進国だというイメージが強い。しかし実は、住宅分野においては、先進国のなかでは大きく立ち遅れており、「水の滴る雑巾」状態だ。ところが、「日本は省エネ先進国」という誤った先入観をもっているため、住宅の省エネ性能向上が遅れていることを認識している設計者や住宅事業者は少ない。これは現在の日本の住宅業界の課題の一つである。

日本以外の多くの先進国では、住宅・建築物の省エネ性能の基準が定められており、新築・増改築時には基準への適合を義務化している。特にイギリス、ドイツ、フランス、アメリカ（州による）等欧米諸国では、戸建住宅も含めたすべての住宅

※6　5・6・7地域 開口部比率区分（ろ）の場合

建築物の新築・増改築時に日本の推奨基準を大きく上回る省エネ基準への適合義務が課されている。

一方、日本では住宅については共同住宅も戸建住宅も省エネ基準適合義務は課されていない（2018年時点）。ようやく2017年4月から2000m²以上の非住宅建築物については省エネ基準適合義務が始まった。今後、段階的に適合義務の対象が拡大され、2020年までには戸建住宅も適合義務対象になる予定であるが、それでも省エネ基準適合義務化の動きは諸外国に比べて極端に遅れている。

そもそも、省エネ基準自体が他国に比べて大幅に緩い。例えば、図2・14に示すように、窓のサッシの断熱基準（熱貫流率）は、ドイツの1.3［W/m²・K］、アメリカ北部地域の1.70［W/m²・K］等に対し、日本の住宅性能表示制度における断熱等性能等級4の技術基準では、4.65[※6]に留まっている。この数値は小さいほど熱を通しにくく、断熱性能が高いことを示す。また、日本の窓の断熱性能の表示等級では、2.33以下であれば最高ランクの☆4つが得られる（図2・15）。しかし、この日本における最高ランクのサッシでさえ、欧米のほとんどの国では基準を満たさず、使用することすらできない。

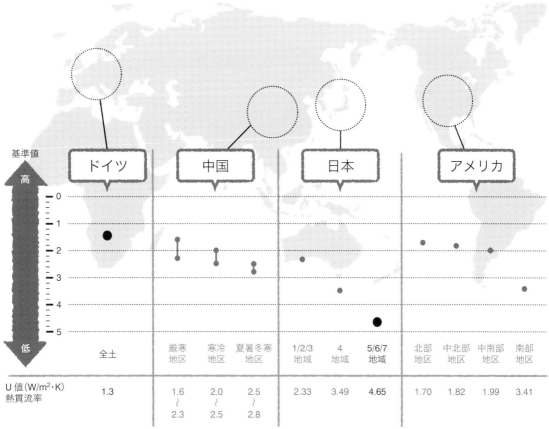

図2・14　世界の窓の断熱基準
（出典：YKKap HPより、原出典：［日本］住宅建材使用状況調査、日本サッシ協会（2016）［アメリカ・EU］日本樹脂サッシ工業会（アメリカ2010-11、EU2005）［中国］樹脂サッシ普及推進委員会（2000））

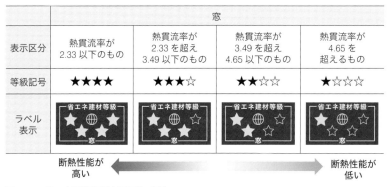

図 2·15　省エネ建材等級表示区分（窓）（原出典：日本サッシ協会）

このように他の先進国に比べて、日本の住宅の断熱性能は他国に大きく遅れている。設計者や住宅事業者は、これからの住まいづくりにおいて、日本の断熱性能に関する常識は他国の非常識であると認識した上で取り組むことが必要だ。

(2) 断熱性能向上には窓の性能と選択が大切

図 2·16 は、ドイツと日本の一般的なサッシだ。断熱性能を向上させるチャンバー（空気層）の数の違いを見れば断熱性能の違いは一目瞭然だ。

窓の性能は、住まいの断熱性能等を決める非常に重要な要素である。大手サッシメーカーの試算では、図 2·17 に示したとおり、冬に流出する熱の

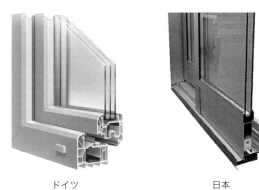

図 2·16　ドイツと日本の一般的なサッシ

52％は窓から逃げている。さらに夏に流入する熱は、74％が窓からだという。つまり、窓の断熱性能を高めることで、暖房および冷房の消費エネルギーも大きく削減できる。

また、窓は方位によって使い分けることが大切である。南面は、夏と冬で太陽高度が異なることを利用して、夏の日射を遮るように庇を設け、逆に冬は日射を採り込めるように日射取得タイプのガラスを選択すべきだ。一方、西面は、夏の日射を遮蔽するために遮熱タイプのガラスを選択するべきである。またアウターシェード等の利用も有効だ。

このように季節ごとの太陽の動きに合わせて窓種や位置をきちんと計画することで、年間を通して室温が安定する。そのため、夏と冬の冷暖房負荷も低減でき、費用も抑えることができる。

(3) 断熱性能の優れた家は体感温度も向上する

断熱性能の高い家は、快適性も向上する。前述のとおり大きな理由としては コールドドラフトが防止されるからだ。

さらに、断熱性能の優れた家では、体感温度も大きく向上する。例えば、冬に部屋を暖房して、

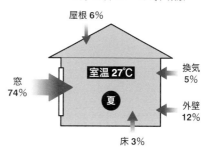

図 2・17　夏冬に流出入する熱の割合

図 2・18　断熱性能による体感温度の差（原出典：㈶建築環境・省エネルギー機構「住宅の省エネルギー基準の解説」）

室温は十分な温度なのにまだ寒い、逆に夏に冷房して室温は十分下がっているのになぜかまだ暑い、そんな経験をしたことがある方も多いだろう。体感温度には、室温だけでなく、気流と湿度も大きく影響している。しかし、実はそれ以上に、壁や天井面や床の表面温度の影響が大きい。人間の体は、気温だけでなく、床・壁・天井面からの輻射熱も感じ取る。体感温度は、概ね室温と壁等の表面温度の平均値に近い。

例えば図 2・18 のように、冬に室内の温度計が 20℃ を示している場合、断熱性が高い家では、壁の表面温度が 18℃ 程度とすると体感温度は 19℃ である。しかし、断熱性が低い家では壁の表面温度が 10.8℃ 程度となり体感温度は 15.4℃ になる。なんと体感温度の差は 3.6℃ にもなるのだ。また、夏に戸建ての 2 階が異常に暑くなるのも同じ理由だ。室温が 28℃ だったとしても、日差しで温められた天井が 32℃ あれば、天井付近での体感温

度は約30℃になる。つまり同じ室温でも体感温度は壁面や天井面の表面温度次第で大きな差が出てしまうのだ。

　これは、放射による熱の移動によるものだ。直接触らなくても、温度の異なるものの間で熱は移動する。例えば洞窟は壁面の表面温度が低く、体からの放射によって熱が奪われ、ひんやり涼しく感じる。逆に表面温度が高い壁面からは、放射熱が体に伝えられ暑く感じる。断熱性能が低い家の場合は、冷暖房をしても、どうしても壁面温度が外気温に近づいてしまう。そのため、夏は室温よりも暑く、冬は寒く感じるのだ。結果的に必要以上に室温を上げないと寒く感じ、夏であれば必要以上に室温を下げないと暑く感じることになる。逆に言えば、断熱性能が高い家は、外気温の影響が小さくなるため、穏やかな空調でも快適に過ごせるということだ。

(4)「エアコンが不快」はもう古い

　エアコンのことを「風がいや」とか「乾燥する」という理由で嫌う人も多い。しかし、これも住宅の気密・断熱性能不足のせいであることが多い。前述のとおり断熱性能が低いと壁面等の表面温度が下がる。さらに気密性能が低いと暖房によって室内の上下温度差が拡大し、床下の冷気が床周辺に吹き込むことで、足元が寒くなる。そのため、必要以上の風量で暖房しなければならず、さらにエアコンの暖気を直接体に受けることで乾燥感が増すのだ。逆に言えば、断熱・気密性能が十分ならば、低負荷・低風量で運転できるため、エアコンは決して不快な暖房器具ではない。エアコンは数ある空調機器のなかでも、省エネ性能がずば抜けて優れており、年々性能が向上している。これは少ない投入エネルギーで、空気中等から熱をかき集めて、大きな熱エネルギーとして利用するヒートポンプという技術を使っているためだ。ものを燃やして熱を得る石油ストーブ等とは根本的に原理が異なる。また、エアコンの出荷量は年間約850万台もあり、他の暖房器具と比較しても生産量が多い。そのため、技術革新が抜きんでており、相対的に生産量の少ないその他の暖房器具と比較しても、圧倒的に省エネ性能が高い所以である。断熱・気密性能の優れた家ならば、エアコンの穏やかな風量でも適温にできるので、とても快適かつエコに生活できるのだ。

(5) 優先したいパッシブデザイン

　住まいの快適性能や省エネ性能を高めるためのアプローチとして、「パッシブデザイン」と「アクティブデザイン」という二つの考え方がある。パッシブデザインとは、設備機器に大きく頼らずに太陽や風等、自然の力を最大限に利用して受動的に快適性を確保する手法だ。一方アクティブデザインとは、設備機器による能動的な手法である。工務店や設計事務所はアクティブデザインよりも、

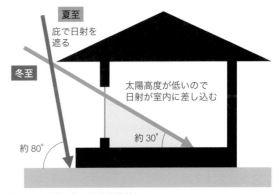

図2・19　夏と冬の対応高度差

より建築的なアプローチができるパッシブデザインを優先すべきだ。その理由は、第1に高断熱・高気密化した躯体による省エネ性能は、多少の劣化はあっても基本的には住宅の耐用年数の間持続する。それに対し、設備機器による省エネ性能はおおむねその設備機器の寿命の10〜15年程度で効果が消滅するからである。第2に、高断熱・高気密化は、後からリフォームで対応すると新築時の増額分の何倍もの費用がかかる。一方で太陽光パネルが年々廉価になっているように、設備機器は後から導入しても躯体に比べて費用の増額幅は小さいので、更新のタイミングごとに逐次導入することができる。そして第3に、高断熱・高気密化は、室内の温度差を少なくして健康によい快適な暮らしにつながるからだ。結露軽減等の効果で建築物自体の長寿命化にもつながる。これらのことはすでに触れたとおりだ。つまり、このように、まずパッシブデザインを取り入れることで、省エネ以外の多数のメリットが得られるのだ。

(6) 断熱と併せて考えたい「日射遮蔽」と「日射取得」

パッシブデザインの重要な要素に、日射取得と日射遮蔽がある。(2)でも触れたが特に日射量の多い地域では、日射によるエネルギーを上手にコントロールすることが、冬暖かく、夏涼しい住まいづくりへのカギとなる。冬は積極的に日射を採り込むことが暖房費削減に有効なので、南面の窓は冬を基準に計画することが重要だ。

一方で夏の日射遮蔽に関しては、基本的には窓ガラスよりもその外側で行うようにしたい。カーテン等、家の内側での日射遮蔽は、太陽の熱が内部に入ってしまっているために、外側からの遮蔽に比べると効果は大幅に少ない。よしずやシェード等で遮蔽することも有効だし、新築ならば図2・19に示すように夏と冬の太陽高度差を利用した、庇や軒の出を計画的に設けるべきだ。最近は、デザイン優先で庇のない家も多いが、日射遮蔽を考えないと夏がとても暑い家になるだけでなく、雨仕舞も大きく劣るため、メンテナンス費用に大きく差がついてしまう。

日射取得・遮蔽を適切にコントロールできているかを事前によく検討することが大切だ。そのためにさまざまな便利ツールが提供されている。例えば、エネルギーパスの計算ツールを用いると、図2・20のように月ごとの日射取得熱量も評価さ

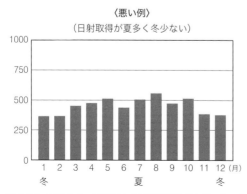
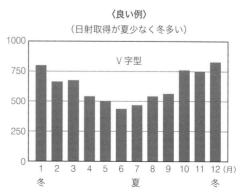

図2・20　エネルギーパスによる日射取得熱量シミュレーション

れる。左側は、夏に取得が多く、冬に少ない家の場合だ。右側は、逆に夏にきちんと日射を遮蔽して取得が少なく、冬に取得が多い家だ。もちろん、右側のようにV字型になる方が快適性が高く、省エネの家になる。

住宅計画のプロフェッショナルとして、断熱性能や日射遮蔽、日射取得をきちんとコントロールするのが当然のこととして家づくりを進めてほしい。

3 高断熱化と併せて考えたい高気密化

(1) 高気密化で差別化する

住まいの省エネ性能や快適性を考える上で、断熱性能と併せて大切なのが「高気密化」だ。断熱材を厚くしてどんなに断熱性能を高めた住宅でも、隙間だらけの家では、せっかく空調した空気がどんどん漏れてしまい、空調エネルギーの浪費だけにとどまらず、空間の快適性も著しく低下してしまう。穴の開いたバケツに水を貯めようとしても、穴から漏れてしまうために水を注ぎ続けなければならないのと同じだ。また気密性能が低いと、断熱材の中への湿気の侵入を防げないので、構造材周辺の結露による構造木の腐れ、シロアリ被害のリスクが高まる。ゆえに高気密化は省エネのみならず、建物の高耐久にも欠かすことのできない要素であり、断熱性能と気密性能の一体的な向上は必要不可欠だ。

住まいの気密性能は、C値で表される。C値は、家の延床面積に対する「家全体の隙間面積」の割合を示す数値で、家全体の隙間面積を床面積で割ることで、床面積1m²あたりどれくらいの隙間があるのかを表した数値だ。この値がゼロに近いほど隙間が少なく、気密性が高いことを意味する。

気密性能は現場での施工精度に大きく左右されるため、同仕様の家でも結果がまったく異なる。そのため邸別に気密測定試験機を使った測定を実施しなければならない（図2・21、22）。しかし高気密・高断熱住宅を謳う工務店・ハウスメーカーでも全棟気密測定を行っている事業者は少数派であり、まだまだその数は限られている。一方、気密

図2・21　気密測定風景

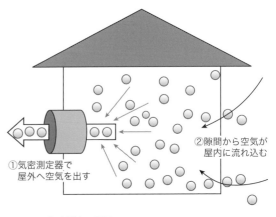

図2・22　気密測定の原理

性能を気にする施主が増えてきており、高気密・高断熱住宅を標榜するのであれば、気密測定の実施やC値の保証は大きな差別化になり得る。

（2）中気密がいい？

ただし一部の工務店には、高気密住宅は息苦しいので、中気密くらいがよいという誤解をしている方も多い。

確かに気密性を高めると、漏気による換気が減るため、計画的に機械換気を行う必要がある。だからこそ「気密性はほどほどに、風通しのよい住まいにしておけば、自然と換気がなされるのだから、わざわざ換気扇を付ける必要がない」という考え方は一定の理解はできる。しかしながら、隙間による漏気は内外気温差の大きな時期（冬）と外部風速の強い時間（不規則）にしか発生しないため、必要なタイミングで必ず換気ができるわけではない。そのため、2003年以降は24時間換気の設置が義務付けられている。ゆえに低気密住宅では、24時間換気で必要な換気量を確保し、さらに漏気分だけ換気量が増えることになる。冷暖房の時期には、換気を行い過ぎるとせっかく冷暖房した空気を必要以上に排出することになるため、最も分が悪い状態となっていることに注意してほしい。

（3）分けて考えたい「風通し」「漏気」「換気」

中気密が良いと考えてしまうのは、「風通し」「漏気」「換気」を混同していることから生じる誤解である。このことをきちんと説明することも他社と差別化する際には必要になる。

まず風通しだが、これは窓を開けて風を通すことをいう。風通しのいい家の住み心地はもちろんいい。しかし、風通しは窓で行うものであり、家の隙間で行うものではない、ゆえに窓の配置や間取りを風通しのよいように設計することであり、気密性とはまったく関係がない。実際、高気密でも風通しのよい家は実現可能だし、逆に低気密でも間取りが悪く、風通しの悪い家は枚挙に暇がない。

次に漏気だが、これは文字どおり家の隙間から知らないうちに出入りしている空気の流れだ。高気密であるほどに隙間が減るため、比例して漏気も減る。逆に気密性が低いと、せっかく暖房しても図2·23のように暖まった空気は膨張して上昇するので、家の上部の隙間から逃げてしまう。と同時に逃げた分だけ床下から冷気を吸い込むことになるため、1階の床の温度が極端に低下し、底冷えする寒い環境になってしまう。これが、いわゆる上下温度差換気だ。さらに風圧による換気も加わる。気密性の悪い家では24時間換気に加えて、漏気分余計に換気されてしまう。つまり24時間換気が義務化されている昨今では、想定外の換気である漏気は少ないほど望ましいのだ。

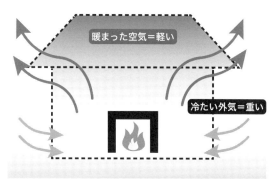

図2·23　気密不足の住宅で暖房したときの空気の流れ
（原出典：東京大学前研究室）
住宅内における暖気と冷気。気密をとらない場合、暖房器具（中央の暖炉の絵）から出た暖気は上部の隙間から逃げてしまう。その分だけ冷気を下から吸い込むので、暖房するほど寒くなる。

（4）高気密化が必要な理由

ではなぜ、高気密化が必要なのか？気密性が必要な理由は基本的には、以下の四つである。

① 漏気負荷を減らし省エネルギー化と室内温度環境の快適性向上を図る
② 壁体通気を抑制し、断熱性能の低下を防止する
③ 壁体内結露を防止する
④ 計画換気の性能保持

まず、①漏気負荷を減らし省エネルギー化と室内温度環境の快適性向上を図るというのは、前述のとおり、冬は暖房をつけても、暖かい空気が屋根から外に漏れ、漏れた分だけ床下の冷たい空気が家に流れ込んでしまう。すると、足元が冷えて不快感が増し、夏は蒸し暑い外気が入ってきてしまうため、エアコンをガンガン回すことになる。そのため風量が増すとともに電気代もかさむ。気密性が低いと夏は蒸し暑く、冬は寒くて不快な家になってしまう。

次に、②壁体通気を抑制し、断熱性能の低下を防止するというのは、せっかく断熱性能を高めても、隙間があると風が入り込んでしまう。例えるなら断熱は「あたたかいセーター」で、気密は「ウインドブレーカー」だ。真冬の凍えるような強風に備えるためには、分厚いセーター（断熱）の上に風を通さないウインドブレーカー（気密）を羽織る必要があるように、断熱性能が本来の力を発揮するためには、気密性が欠かせない。

③壁体内結露を防止するのは少しイメージしにくいかもしれないが、冬期は乾燥した外気と比べると、家の中は湿気が大量に発生する。そのため、外壁や床等に隙間があると、隙間から湿気が壁の中や床下に流れ込み、冷やされるために壁の中に結露が発生してしまう。壁内結露の問題は前述したとおりである。

④計画換気の性能保持というのも少しわかりにくいかもしれない。生活により、水蒸気や二酸化炭素、匂い成分等さまざまな汚染物質が室内で発生する。これらの汚染物質を速やかに屋外に排出するためには定期的な換気が必要である。ところが気密性が低いと、図2・24に示すように、換気扇で効率的に換気することができない。汚染物質が溜まってよどんだ場所をつくらないためには、気密性を高めて効率的な計画換気を行う必要がある。

気密性を高めることのメリットは他にもいくつかあるが、特に外気汚染物質の侵入防止のメリッ

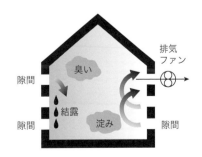
気密不足でショートサーキット

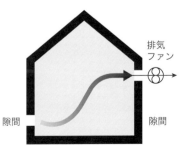
高気密なので換気計画通りに

図2・24　計画換気の性能保持（出典：（一社）日本エネルギーパス協会）

トも大きい。外の空気が新鮮だというのは昔の話であり、大陸からの黄砂やPM2.5、花粉等、健康を害する有害物質が多く飛散する時期が年々増えてきている。隙間の多い家では例え換気口にフィルターを付けても、隙間風の量に比例して微粒子状の汚染物質が室内に侵入してしまう。

　隙間の少ない家は、適切な外気フィルターを導入することで、24時間いつでも新鮮できれいな空気の部屋で過ごすことが可能になる。

2-3 高効率設備でエネルギーを上手に使う

1 高効率給湯設備

(1) エネルギー消費削減の立役者

本章では、ZEH化するために必要な省エネ設備機器について解説していく。なかでも、最も一次エネルギー消費量の削減に貢献する設備として、まず高効率給湯設備がある。給湯設備は現在、自然冷媒ヒートポンプ給湯機（エコキュート）、潜熱回収型ガス給湯機（エコジョーズ）、潜熱回収型石油給湯機（エコフィール）、ヒートポンプ・ガス瞬間式併用型給湯機（ハイブリッド給湯機）、燃料電池（エネファーム）ガスエンジン給湯機（エコウィル）、太陽熱利用システムに分類できる。

では、実際にZEH向けにはどの機器が採用されているのか。そこで2017年11月に発表されたネット・ゼロ・エネルギー・ハウス支援事業調査発表会資料を見てみる（図2・25）。同資料は経産省が2017年度に実施したZEH補助金を利用したZEH（7693件）のデータを集計したもの。これによれば、性能・導入費・ランニングコストに優れるエコキュートの採用率が最も高く65.7%・5049件であった。次いで別途専用補助金を利用できるエネファームが23.6%・1818件、以降は高い給湯効率を誇るハイブリッド給湯機が5.4%・416件、導入費を抑えられるエコジョーズが5.2%・402件という順番であった。無論、各機一長一短あり、施主のニーズに応じて使い分ける必要がある。そこで事項ではそれぞれの特長をまとめる。

(2) 主要給湯設備の特長

1) エコキュート

まずエコキュートは、ヒートポンプと貯湯タンクで構成される（図2・26）。ヒートポンプにより採り込んだ空気を熱交換することで電気エネルギー1に対し、3倍分の熱エネルギーを得ることができる。だが、瞬間湯沸できるほどの加熱能力はないため、熱交換を繰り返し徐々に貯湯タンク内を加温していく形となる。このため沸き上げには最長8時間を要するが、深夜に運転を開始することで、翌朝の給湯需要時には沸き上がる。また電力会社の時間帯別料金プラン（オール電化プラン）の割安な深夜電力を活用することから、ランニングコストでは他の給湯機と比べ高い優位性を発揮する。市場規模も年間40万台を超え、市場価格は50万円前後と総じてコストパフォーマンスが高い。

2) エネファーム

エネファームは発電と給湯の2役を担うコージェネレーションシステムである（図2・27）。その仕組みは都市ガス・LPガスを改質、水素を取り出し、空気中の酸素と化学反応させて電気を生み出す。その際生じる熱を利用することで給湯もまか

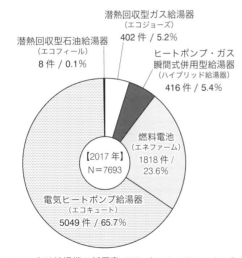

図2・25　ZEH向け給湯機の採用率（出典：「ネット・ゼロ・エネルギー・ハウス支援事業 調査発表会2017」資料）

なうというもの。製品は固体高分子形（PEFC）、固体酸化物形（SOFC）の2種類に分けられる。PEFCは発電効率40％程度であるが、排熱回収率が高い。発電よりも採熱を優先する仕様で、給湯需要に合わせて発電を行う。言い換えれば貯湯タンクが全てお湯の場合は発電を行わない。貯湯容量は150ℓある。一方、SOFCは作動温度約700〜750℃と高温稼働により発電効率は50％超を誇るが、ほとんどの熱が水素改質に利用されるため、採熱できる量は少なく貯湯容量は28ℓしかない。

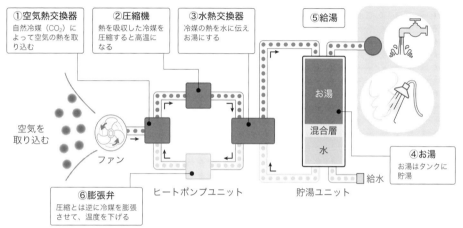

図2・26　エコキュート・ハイブリッドの仕組み（図2・26〜29まで、出典：『高効率給湯器専門誌 Qtopia』）
大気熱を利用することで省電力の湯沸しを実現。ハイブリッドは貯湯タンクに補助電源（エコジョーズ）が組み込まれている。

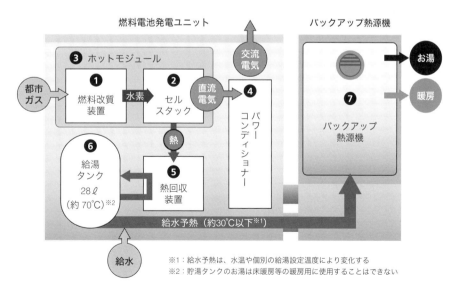

図2・27　エネファームの仕組み（大阪ガス資料より『高効率給湯器専門誌 Qtopia』が作成）
ガスを改質し水素を取り出す。酸素と反応させることで発電する。その際発生する熱を給湯に利用する。補助熱源にエコジョーズが組み込まれている。

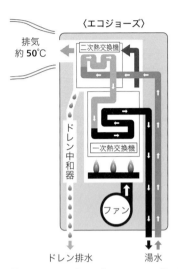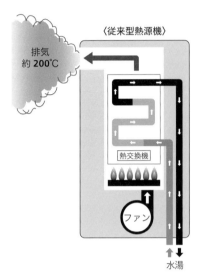

図 2・28　エコジョーズ・エコフィールの仕組み
排熱を利用しガス消費を抑える。機内で結露（ドレン水）が発生するため、排水機構を設けている。

簡単に言えば PEFC は給湯機寄り、SOFC は発電機寄りといったイメージである。市場価格は双方 100 万円以上と給湯設備のなかでも最も導入費を要するが、専用補助金が用意されており、かつ ZEH 補助金と併用できることから ZEH 向けの採用率は高い。

3）ハイブリッド給湯器

ハイブリッド給湯機は、エコキュートと同様にヒートポンプ・貯湯タンクで構成されるが、タンクユニットに補助熱源としてエコジョーズが組み込まれている点でエコキュートと異なる（図 2・26）。ヒートポンプ式のエネルギー性能を有し、かつ補助熱源によって瞬間湯沸を行う加熱能力も備える。給湯に掛かるエネルギー効率は最も高く、まさに電気とガスのいいとこ取りと言える給湯機である。だが市場規模は年間 1 万 5000 台規模とまだ普及過程にあり、市場価格は 50～80 万円と価格の低減が期待されている状況だ。

4）エコジョーズ、エコフィール

潜熱回収型のエコジョーズ、エコフィールは、通常のガス・石油給湯機では排気していた熱を再利用することで、熱効率を高めたものである（図 2・28）。二次交換器であらかじめ水を温めることで、メイン加熱機関である一次熱交換器でのガスまたは石油消費量を抑えることができる。またエコジョーズの市場規模は年間約 100 万件と高効率給湯機のなかで最も普及しており、価格は 20 万円前後とイニシャルコストを抑えられる点が強である。

（3）自家消費時代に期待される蓄熱

ZEH とは少し離れるが、現在、給湯設備において「蓄熱」という概念が注目されている。これはヒートポンプ、貯湯タンクで構成される給湯設備は電気を熱に変換し、貯湯するという性質を蓄熱として捉えたもの（図 2・29）。ZEH 設計において

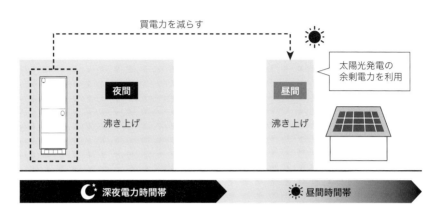

図 2・29 ヒートポンプ式の余剰電力利用の仕組み（ソーラーチャージ）
太陽光発電の自家消費率を高められる。売電期間が終了した太陽光発電の経済性を向上できる。

　太陽光発電は必須となる設備であるが、売電価格は 2019 年度には 24 円 /kWh（出力制御地域は 26 円）にまで低減される予定であり、買電価格と同等となる。以降も低下することは明白であるので、今後、発電した電力は売るより使う方が経済性が向上すると考えられる。蓄エネの場合、電気のまま溜められる蓄電池が筆頭であるが、安くはない導入費を要するのが現状だ。この点、給湯設備は住宅に必須な機器でありながら、太陽光発電の自家消費率を高められるとして着目されている。エコキュートのメーカーのうち、パナソニックや三菱電機、コロナなど主要メーカーは、HEMS と連携し、翌日の天気予報と余剰売電量を予測するシステムを構築した。沸き上げのタイミングを太陽光発電が稼働する日中に自動でシフトさせる機能を搭載している。また深夜の稼働にこだわらないハイブリッド給湯機も蓄熱に大きく貢献できる。

2　省エネ換気

　ZEH を達成する上で、省エネの観点で最も重要となる高断熱化。その断熱と切っても切り離せないのが、高気密化である。高断熱・高気密の住宅では、機械的に換気をしなければ、室内の空気が入れ替わらず滞留し、料理やたばこ、ペット等の匂いはもちろん、二酸化炭素や水蒸気等が充満してしまう。また、材質によっては建材や家具等からも有害な化学物質が常時放出されている可能性もある。新鮮な空気を外から採り込むことは ZEH においては必須である。

　換気方式には、給気と排気を機械により強制的に行う第 1 種換気、給気のみ機械で行い排気はその圧力で行う第 2 種換気、逆に排気のみ機械で強制的に行い負圧で給気する第 3 種換気の 3 種類がある。

(1) 換気扇の種類

一般的に日本の住宅では、標準換気扇、レンジフードファン、浴室換気扇、ダクト用換気扇、熱交換形換気扇が用いられている。標準換気扇は連動式、電気式、風圧式の3種がある。連動式は壁スイッチが不要で、換気扇の使用場所で引き紐を引くことで可動する。電気式はシャッター開閉装置を内蔵しており、壁スイッチにより遠隔で操作し動作させる。風圧式は外風を利用するため簡単な構造となっているが、外風によるバタつき音が発生することがある。

なお、ZEHにかかわらず、すべての建築物に、常時換気ができる設備の設置が義務づけられている。給気と排気を24時間機械制御で行うことで室内の空気を常に綺麗に保つことが目的であるが、加えて近年は従来換気扇以上の電力消費エネルギーの削減が求められている。現在、多く利用されているのは、ダクト式第1種換気設備（比消費電力0.18、温度交換効率82%）や、壁付け式第3種換気設備（比消費電力0.05）などである。

換気機器メーカーでは、他の換気システムと年間ランニングコストを比較するプログラムや、比消費電力の算定ができる設計ソフト等、機種選びの支援が充実しているため、メーカーと相談しながら選ぶのが望ましい。

換気設備の省エネ化が求められる一方で、単純に換気だけで考えてしまうと、高気密・高断熱住宅の優れた冷暖房効果が損なわれてしまう。この点を解消する機器として、給気する屋外の空気と排気する室内の空気の温度と湿度を交換する全熱交換器がある。これを用いることで、温度差によるエネルギーロスを抑制できる。

3 高効率空調設備

(1) 省エネ化、快適性向上に不可欠

給湯に次いで、家庭内の一次エネルギー消費量が多いのが冷暖房である。ZEH実現に向けては、この項目を省エネ化する高効率空調設備が不可欠となる（表2・5）。主に、ルームエアコンやダクト等を用いて家全体の温度をコントロールする全館空調、暖房では配管に温水を送り輻射熱で暖めるパネルラジエーター、床暖房がある。ネット・ゼロ・エネルギー・ハウス支援事業調査発表会資料

表2・5　ZEHの定義上求められる各空調設備の性能

設備の種類		要件となる基準					
冷暖房設備	高効率個別エアコン（マルチエアコンも可）	主たる居室に設置する個別エアコンのエネルギー消費効率が、建築研究所のホームページで公開されている冷房効率区分（い）を満たす機種であること。					
	ヒートポンプ式セントラル空調システム（全館空調）	地域区分	1・2・3地域	4地域	5・6地域	7地域	8地域
		COP 暖房	3.0以上	3.3以上	3.7以上		基準値なし
		COP 冷房	基準値なし	3.3以上			
暖房設備	パネルラジエーター	以下①〜③のいずれかを満たすこと。 ① 熱源設備が燃料を用いるものである場合、潜熱回収型（暖房部熱効率が87%以上）であること。 ② 熱源設備が電気ヒートポンプ式の場合、暖房時COP3.3以上のもの。 ③「要件となる基準」を満たす給湯設備に接続して空調するもの。					
	温水式床暖房						

によれば、各設備のZEHへの採用率は、冷房ではルームエアコンが94％、全館空調が5％となっている。暖房はルームエアコン、床暖房が47％ずつと二分している。

　給湯設備同様、さまざまな仕様の機器を選択できるが、導入する設備は無論、高効率であることが条件。ルームエアコンでは『主たる居室に設置する個別エアコンのエネルギー消費効率が冷房効率区分（い）を満たす機種』でなければならない。エアコンの冷房効率区分には（い）（ろ）（は）と3段階設けられており、定格冷房能力（kW）毎にエネルギー消費効率が定められている。定格冷房エネルギー消費効率＝定格冷房能力（W）÷定格冷房消費電力（W）で算出でき、建築研究所が定める区分表を参照することで性能を把握できるが、ほとんどの製品で性能区分は表示されている。全館空調は、地域区分毎に定められたCOP（冷暖房平均エネルギー消費効率）以上の性能を有することが求められる。この他、パネルラジエーターや床暖房も、熱源には空気熱を利用する電気ヒートポンプ（暖房時COP3.3以上）、または燃料を用いる場合にはエコジョーズやエコフィール等潜熱回収型の熱源を用いることが条件。床暖房で利用される熱源は、エネファームが45％、電気ヒートポンプが44％、その他、エコジョーズやハイブリッド等の高効率給湯機を用いるケースが10％程度となっている。

（2）進むスマート化

　ZEHの設計にあたっては直接関係しないが、空調設備はスマート化が進んでおり、より省エネ性や快適性を高める機能が搭載されている。空気清浄や加湿といった空気質のコントロールはもちろんのこと、高精度センサーによって、人の存在や状態を検知し、人に絞った送風や不在時の制御、体温や外気温といった各種温度状況に合わせた運転調整をAIによって自動で行う等最新技術が盛り込まれている。さらにHEMSとの連携によって、高齢者やペットの見守りにも活用できる等機能幅の拡がりも見せる。また、家電設備は交流で運転するものが一般的だが、直流運転を可能とすることで太陽光発電の電力を効率的に利用できるようになる。太陽光発電の電力は直流であり、パワーコンディショナによって交流に変換した後、家庭内に送られるが、この際、変換ロスが生じている。直流のまま利用できれば、このロスをなくすことができるため開発を進めるメーカーもある。

4　高効率照明（LED）で快適に省エネ

（1）意外と大きい照明の消費エネルギー量

　照明に係るエネルギー消費は意外と大きい。家庭部門における世帯あたりの機器別電気使用量は約4600kWh／年で、このうち照明器具は13.4％を占める（資源エネルギー庁公表資料）。これは電気冷蔵庫に次ぐウエイトでテレビやエアコンよりも消費電力量が大きいことが知られる。

　住宅の構成要素として照明は不可欠だが、高度な省エネ化が求められるZEHには高効率照明の採用が必要不可欠となる。経済産業省『ネット・ゼロ・エネルギー・ハウス（ZEH）支援事業』では「LEDが光源であるもの」「インバータータイプで100（lm／W）以上のもの」と省エネ効果の高いものが要件となっている。また、ZEHの設備仕様をコンパクトにまとめた『ZEHのつくり方』

((一社）日本建材・住宅設備産業協会）においても照明は「すべて LED」としている。

そもそも LED（Light Emitting Diode）とは、発光する半導体のことで、次代の照明として普及が進んでいる。一般電球やミニクリプトン電球の照明器具とほぼ同じ明るさになるが、消費電力は1/5～1/8相当まで削減でき、省エネ効果が高い。また、定格寿命4万時間タイプの場合、1日10時間点灯しても約10年使用可能と長寿命でもある。ON-OFF の繰り返しに強く、熱や紫外線をほとんど含まないため絵画や写真を照らしても色あせしにくい、虫が集まりにくい等の特徴がある。

(2) 快適空間を演出

単純に省エネ効果が高いというだけではない。最新の LED シーリングライト等のなかには、好みに合わせて自在に調色・調光できるタイプがある。ライフスタイルや時間の経過に合わせて調整することで心地良い快適空間を演出することが可能となる。また、音楽との融合を図ったスピーカー搭載モデル、人感センサー対応による消し忘れ防止を図るもの、地震を感知するとアラームと共に昼光色で点灯し避難行動を補助する機能をもったもの、プロジェクターを内蔵した製品等さまざまあり多機能・高付加価値化が進んでいる。さらには HEMS・IoT 技術 AI スピーカーとの連携により、照明の ON-OFF や調光、節電設定等が自動で行えるようになってきた。屋内外を照らすだけの照明から、快適や省エネを担う重要な設備機器に位置づけられる。

5 HEMS でスマートな節約

(1) HEMS の定義

HEMS（ヘムス）とは「Home Energy Management System」の略で、一般的に家庭で使うエネルギーを管理するシステムのことを指す。創・蓄・省エネや家電・設備を繋ぐことで電気・ガス使用量を、モニター画面等で「見える化」すると共に、将来的には「自動制御」することでスマートな節電や省エネ化を図ることが期待されている。

ZEH や蓄電池、VPP（Virtual Power Plant：バーチャルパワープラント＝仮想発電所）等国の各種導入支援事業の要件にも組み込まれ、環境・エネルギー問題、CO_2 削減、高齢化社会に伴う健康・在宅管理等社会問題をも解決するデバイスとして普及推進が叫ばれている。2012年『グリーン政策大綱』（内閣官房 国家戦略室）のなかでは「2030年までに全世帯へ普及させる」といった高い目標が掲げられている。

(2) 多彩な機能を搭載し、省エネと快適性を融合

HEMS の機能は多岐にわたる。①エアコン、照明、電動窓シャッター、天井埋込形空気清浄機、エコキュート等外出先からの機器を操作する「遠隔制御機能」、②子どもが帰宅した際に家電等の ON/OFF を感知しスマホに通知する「見守り機能」、③目標値を超えるとエアコン等の設定値を自動で制御する「経済機能」、④太陽光の余剰電力と天気予報に基づきエコキュートを昼間に沸き上げる「自家消費機能」等があり、スマートスピーカーを用いた音声認識対応も計画されている。これらのシステムを構築するにはエネルギー計測ユニット

付の HEMS 対応分電盤、HEMS コントローラー、専用モニターまたはパソコン・タブレット端末の3点が必要となる。

　上記はいわゆる「高機能型」と呼ばれるもので最終的に目指すべき姿である。一方、市場では太陽光の発電量や家電設備の消費エネルギー量を単に「見える化」するだけの『簡易型』もある。厳密に言えば後者は各社 HEMS に連携可能な「計測ユニット」であり HEMS ではないことに注意が必要である。

（3）異なるメーカー間の共通規格「エコーネットライト」

　各種設備機器は、同じインターフェイスを搭載することで相互接続が図れるようになっている。それが「ECHONETLite（エコーネットライト）」規格と呼ばれるものでパナソニック、三菱電機、東芝等 200 社以上の関連企業が参画し、1997 年に設立された（一社）エコーネットコンソーシアムにより通信プロトコルが整備されている。

　同規格は 2000 年に制定され 2011 年 6 月に初版が公開された。経済産業省 WG「スマートハウス標準化検討会 中間とりまとめ」（2012 年 2 月）から標準規格として推奨されている。同規格採用数は累計 400 件以上あり毎月登録製品が増え続けている。関連製品の出荷台数は 1000 万台を超えネットワーク環境の下準備は順調に進んできている。IoT・Web サービスとの連携強化が進むことでよりスマートな生活像が描かれ始めてきているところである。

　さらなるネットワーク接続拡大に向けては 2017 年 4 月に立ち上がった経済産業省 WG『スマートハウス・ビル標準・事業促進検討会 普及促進タスクフォース』に引き継がれ、日本電機工業会（JEMA）や電子情報技術産業協会（JEITA）、インターネット協会（IA Japan）等関連団体と連携の在り方について協議され国際標準化に向けた活動も行われている。

1）他社間で連携できない問題
業界の垣根を超えた協業が加速

　無論、すべてが順風満帆という訳ではない。同規格の立ち上がり当初は画期的な仕組みとして熱視線が注がれてきたが、近年、実際の現場では「他社間での操作性が悪い」「見える化だけでは意味がない」と俄に「HEMS 不要説」が囁かれ始めていた。通常、施主が購入する家電・機器設備群は複数社に跨っていることが多い。他社連携がうまく行かなければ「使えない」となるのは当然の批判である。そのため 2015 年頃より急速に立ち上がった IoT ベンチャーによる家電遠隔操作型の「スマートリモコン」、スマートフォンを鍵として利用する「スマートロック」等がより快適性を図る上で有効ではないかとの潮流が生まれていた。各社での開発競争とシェア確保に主眼が置かれていたため、マルチベンダー環境でのシステム構築実現を標榜するエコーネットの思想とは乖離が生じ HEMS そのものの普及阻害要因となっていた。そのため「高機能型」の出荷推移は年間数万台程度に留まっている。

　一方で課題解消に向けて競合間での雪解けが必要であるとの認識が業界各社に広がり「まずは市場をつくる」という視点に移ってきた。家電制御までを可能とする高機能 HEMS の代表メーカーが中心となり業界の垣根を超えた連携強化の方向へ動き始めている。

　2018 年 3 月に発売されたパナソニックの「スマ

ートHEMS」では三菱電機、リンナイ、LIXIL、エリーパワーといった競合含む14社27種の製品と連携できるようになった。今後、各社の接続性が向上することで真のHEMS完成が期待される。新たに導入された基準「ZEH＋」においても「高度エネルギーマネジメント」が要件として加わりZEH施策は自家消費の方向へ進んでいる。次世代の住宅を構築する上でHEMSがますます重要な要素となっていくことは言うまでもない。

2）ZEH＋に必要なAIF認証

ZEH＋には、基本要件として、① 外皮性能の更なる強化、② 高度エネルギーマネジメント、③ 電気自動車等を活用した自家消費の拡大措置の3要素のうち2要素以上を採用することがポイントとなるが、特に②においては、ECHONET Lite AIF認証を取得したHEMSと各種機器との連携を基本としている。経過措置として2年の猶予期間があるが、将来的には、AIF認証[※7]を取得したHEMSと各機器との構成が求められる。

6　住宅用蓄電池としてのEV導入

（1）家と車の連携

大気汚染対策や脱・炭素化の動きから世界中でEVへのシフトが目覚ましい。自動車世界最大市場の中国をはじめ、アメリカ、イギリス、フランス、インド等が一斉に舵を切り、EV化が世界的な潮流となっている。日本においては2030年までに、国内新車販売に占めるEV（プラグイン・ハイブリッド車含む）の割合を2～3割とする目標を掲げ、累計台数は2020年までに100万台、2030年までに960万台を目指している。国内外の各自動車大手とも挙ってEV新車開発に本腰を入れている状況である（図2・30）。

そんななか、EVは移動だけでなく、蓄電池として活用することが期待されている。とりわけ太陽光発電を搭載するZEHとの相性がよく、発電した電気を設備や家電以外にEVにもシェア（充電）することで、より経済的かつ低炭素な暮らしを実現できる。EVと住宅間で電力を充放電できるV2H（Vehicle to Home）システムがあれば、太陽光発電の電力を直流で充電し走行可能なほか、EVが家庭の電力供給供給源となり日々の電気代

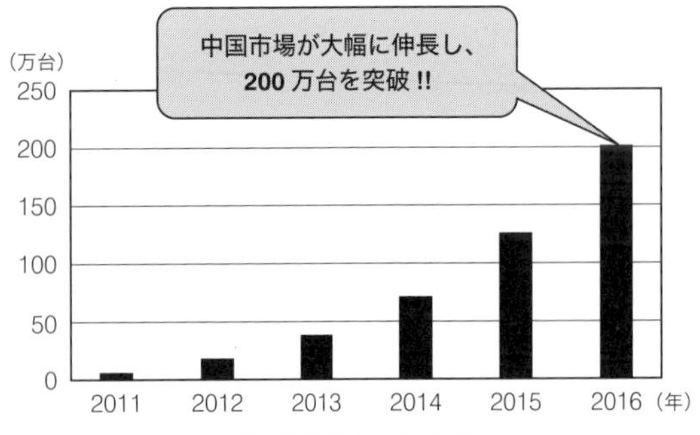

図2・30　EV・PHEV 世界累計販売台数推移

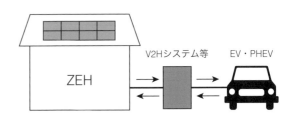

図2・31　つながる家と車のエネルギー

※7 AIF認証とは、エアコン、照明、住宅用太陽光発電、給湯器、蓄電池、自動車用充放電機器等と、HEMSの間で通信仕様を定めたアプリケーション通信インターフェース仕様書への適合性を認証する制度。

節約や災害時の非常用電源としても機能する（図2・31）。1日の9割が稼働していないと言われる自動車を最大限利用できるわけである。太陽光発電の余剰売電を優先させ、夜間の割安な電力をEVに充電し日中の走行や家庭内で消費することで、省エネ基準レベルの一般住宅と比べて年間光熱費が大幅に抑えられる試算もある（図2・32）。ガソリン代との比較ができることは、これまでのZEH提案にない特長である。

(2) エネルギー自給率を拡大

太陽光発電の発電コスト低下に伴って、自家消費が合理的な選択になることが想定されている。自家消費が一般的になれば、EVは太陽光発電の余剰電力を吸収する大容量バッファとして重宝される。前述したZEHの上位概念であるZEH+（プラス）では、EVの活用が選択要件として組み込まれ、充電コンセントや普通充電器、V2Hシステムの設置が期待されている。経済産業省では、これらを標準仕様とするための施策を進めていくとし、再エネの優先的な充電を選択することを可能とする技術等の確立・普及が図られていくと見られている。

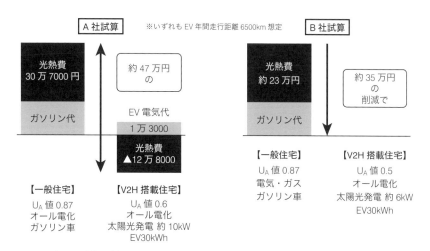

図2・32　年間光熱費・自動車燃料費比較

2-4　エネルギーをつくる（太陽光発電システム）

1　太陽光発電システムとは

　ZEHを達成する上で欠かすことができないのが創エネ設備である。消費エネルギーを大きく減らせたとしても、日常的に電気やガス等を利用した生活を送る以上、決してゼロにはならない。しかし、太陽光発電を取り入れることでエネルギー消費をゼロどころかマイナスにまですることができる[※8]。

　太陽電池は、太陽光のエネルギーを電気に直接変換する構造であるため、二酸化炭素の発生がほとんどなく、パネルが劣化しない限り発電し続けることができる。住宅用の太陽光発電システムは、太陽の光エネルギーを受けて発電した直流電力を、パワーコンディショナにより電力会社と同じ交流電力に変換し、家庭内のさまざまな家電製品に電気を供給する。

　一般の系統連系方式の太陽光発電システムでは電力会社の配電線とつながっており、発電電力が消費電力を上回った場合は、電力会社へ逆に送電して電気を買い取ってもらうことができる。反対に、曇りや雨の日等発電した電力では足りないときや夜間等は、従来どおり電力会社の電気を使うことになる。

　主に住宅用では、太陽電池、パワーコンディショナ、太陽電池からの直流配線を1本にまとめてパワーコンディショナに送る接続箱から構成される。加えて、電力会社に売買する電力を計量するための電力量計が売電用と買電用のそれぞれ二つ必要となる（図2・33）。

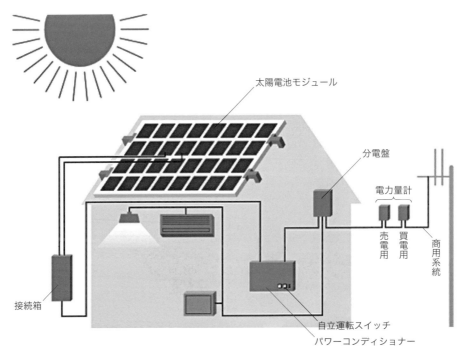

図2・33　住宅用太陽光発電システムイメージ図（出典：太陽光発電協会（JPEA））

※8 都市部狭小地に建設された住宅に限るが、太陽光発電システムなしのZEH「Nearly Oriented」が認められる（p.50、表2・3）。

2 太陽光発電システムの発電の仕組みと種類

太陽光発電システムでは、半導体に光が当たると電気が発生する現象を利用し、太陽の光エネルギーを直接電気エネルギーに変換して活用する。発電する半導体には3種あり、シリコン系、化合物系、有機系に大別することができる（図2・34）。現在、主流なのは、シリコン系の単結晶、多結晶パネルである。単結晶パネルは、高純度シリコンを使用するため高価だが、変換効率や信頼性も高く、20%前後の変換効率をもつ。そのため、海外諸国に比して屋根面積が狭小な日本では採用率が高い。一方で、多結晶パネルは小さい結晶を集めているため、単結晶より低コストである。世界では産業用途で採用され、パネル全種のなかで最も採用されている。

3 太陽光発電の施工について

住宅用の太陽光発電システムを施工する場合、該当する太陽光発電システムメーカーが発行する施工IDが必要となる。太陽光発電システムメーカーによって施工基準や方法が異なるので、メーカーごとに施工IDを取得する必要がある。また、

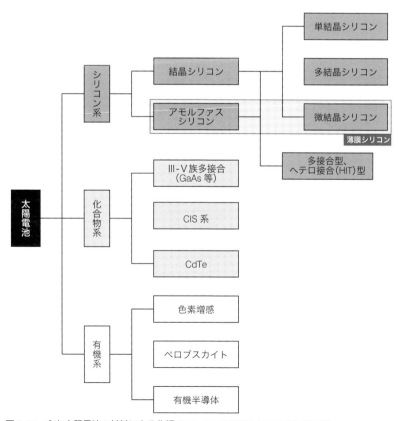

図2・34　主な太陽電池の材料による分類（出典：国立研究開発法人産業技術総合研究所）

当然ながら電気工事に関しては、電気工事士の資格をもっている者が行う必要がある。

メーカーによっては、施工 ID が、設置 ID と電気 ID に分かれており、電気工事士（2 種以上）の資格をもっていることが ID の取得条件となる場合がある。

また、住宅用の太陽光発電は、建築基準法と電気事業法に則り導入を行う必要がある。

まず、建築基準法では、建築物の屋根材や外壁材として太陽電池モジュールを用いる場合、建築基準法が定める構造耐力、防火性、耐久性、安全性に関する要求基準を十分に検討・確認して、モジュールを選定する必要がある。次に、電気事業法では、住宅用の場合、出力 50kW 未満の太陽電池発電システム、つまり小出力発電設備となるため、「一般用電気工作物」扱いとなる。設置の工事にあたっては、電気工事士法に基づき電気工事士（第 1 種または第 2 種）が作業を行わなければならない。また、一般用電気工作物なので届出等の手続きは不要だが、経済産業省令で定める技術基準に適合させる義務がある。ただし、自家用電気工作物と当該太陽電池発電設備の間に電気的な接続がある場合は自家用電気工作物となる。そのため、同法および関連法例に則って設置・運用することが必要となり、システムによっては法的手続きを要する。

4　太陽光発電、ZEH 採用の現状

実際に ZEH に使われている太陽光発電システムの合計設置容量は、2017 年 11 月の「ネット・ゼロ・エネルギー・ハウス支援事業調査発表会」資料によると、2017 年度交付決定分では平均で 6.6kW となっている。最小値は 2.4kW、最大値は 21.0kW であった（図 2・35）。発電容量の地域区分で見た全国分布では、4.0kW 以上、5.5kW 未満の太陽光発電パネルをもつ住宅が約半数を占めた。また、寒冷地（1〜3 地域）では 8.5kW 以上を搭載する住宅が半数以上を占めた。

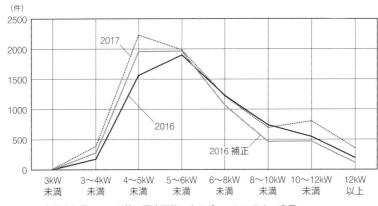

図 2・35　太陽光発電システム等の再生可能エネルギー・システムの容量
（出典：「ネット・ゼロ・エネルギー・ハウス支援事業 調査発表会」資料（2017 年 11 月））

エネルギーの購入額と太陽光発電による売電額の月次推移の結果も公表されている（図2・36）。冬場は日照時間の関係で売電額が下がり、その一方で暖房のエネルギー購入金額が増加するため、12～3月にかけてエネルギーコスト収支はマイナスとなったが、通年で見れば、3万3524円/年・戸ものプラス収支となっている。

　ひるがえって、ZEH推進協議会では、ZEHでの太陽光発電の導入におけるさまざまな課題の解決に向け太陽光発電委員会を発足した。そのなかで、更なる太陽光発電の大容量化の必要性を訴えている。その理由を「ZEHは年間の一次エネルギー消費量の収支がゼロとすることを目指した住宅であるから、本来の主旨では家電・調理で利用する約20GJを含めて、エネルギーをゼロにする必要がある」からとしている。よって、20GJ÷9.76MJ/kWh＝2049kWhとなるので、概ね太陽光発電で2kW分に相当するパネルを加算して採用することが、真のゼロエネハウスになるからである。さらに、2030年目標の新築平均ZEHの定義が新・ZEHロードマップにおいて定まったことから、実際に太陽光発電を搭載しない住宅も一定の割合で存在すると予想されることから、平均ZEH化を実現するためには、ZEHを超える大容量の太陽光発電を搭載するZEHが必要になる。また、世界的なEV普及からゼロエネを目指すためにもEV1台当たり概ねで太陽光発電パネル1kWが必要となる。

　2018年度の「再生可能エネルギー大量導入・次世代ネットワーク小委員会」において、住宅は、蓄電池を活用しつつ需要地近接で小規模の地産地消となることが将来像として示されている。要約すれば、自家消費とご近所での地産地消である。このことからも太陽光発電を搭載しない住宅も一定の割合で存在すると予想されることから、ZEHを超える大容量の太陽光発電を搭載したZEHが普及し、需要地近接での地産地消によりエネルギーが実現することは一つの在り方と考えられる。以上のことから、ZEHについては、ZEHに3～4kW程度の太陽光発電をさらに搭載する住宅が一定割合で普及する必要があるという提言に至る

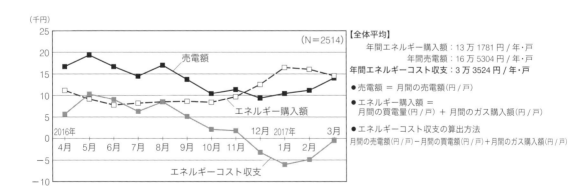

図2・36　エネルギー・コストと購入額／売電額の月次推移（出典：「ネット・ゼロ・エネルギー・ハウス支援事業 調査発表会」資料（2017年11月））
4～11月において、エネルギー・コスト支出がプラスになっている。
　⇒11～12月にかけて収支はマイナス（購入額が売電額を上回る）に転じ、冬季の間はこれが続く。
　⇒エネルギーの使用量と同様に、暖房設備と給湯設備の使用が要因と思われる。

次第である。

また、国土交通省が進めるLCCM住宅はZEHと異なり家電・調理を含む計算によりLCCO$_2$をマイナスにすることを目指す住宅であるが、必要とされる太陽光発電の量は概ねでZEHにおよそ4kW程度を加える必要があることから、太陽光発電の搭載量の水準として妥当と考える根拠の一つとなっている。

5　ZEH提案の最難所、太陽光発電導入の課題

高断熱の住宅づくりを徹底していれば、太陽光発電を設置するだけでZEHの達成は間近と言われるが、導入においては難しい側面も併せもつ。その最たる例が、太陽光発電システム自体の導入コストである。市場へ台頭から価格は大きく下がったものの、まだまだ他の住設・電機機器に比べると高額な商品である。そのため、新築時には建築希望者のローン上限枠を超えてしまうこともあり、導入を諦めざる得ないケースも少なくない。さらに、施工がビルダーが外注（電気工事会社）した場合、施主との売電契約が複合的となり、その上、買取制度や売電契約の申請の複雑さが相まって、ZEHにおいて最も倦厭されがちな設備と言える。

ビルダーのなかでは、導入後のアフターメンテナンスや保証期間の不安等の声が上がる一方、導入から発電、メンテナンスのコストシミュレーションによって事前に課題を解決しているハイレベルなビルダーらは、施主に大きなメリットをもたらす機器として提案し、他社との差別化に成功している。

ZEHの標準化から宅内の自家消費化を志向する日本において、コストダウンをはじめとする、太陽光発電のあらゆる課題は喫緊に解決する必要がある。

column 2
ドイツのエネルギーシフトと住宅・建築

　なぜドイツの住宅や建築において省エネルギー化が進んでいるのか、という問いについて、「エネルギーシフト」を外して考えることはできない。なぜならエネルギーシフトは2050年の目指すべき社会を実現するためのロードマップであり、国策であるからだ。目指すゴールは、2050年における80〜95%の温室効果ガスの削減、つまり脱化石社会の実現である。また2050年には総電力消費量における再生可能エネルギーの割合を80%以上にまで高める計画である。「脱化石社会」「再生可能エネルギー80%以上」など一見夢物語にも聞こえるが、アゴラ・エナギーヴェンデによると、2017年のエネルギーの電力部門では、国内電力消費量のうち再生可能エネルギーの割合が36.1%で全電源のなかで最大を占めるまでに成長している。また2018年1月1日には瞬間的ではあるが、ドイツ国内の電力の100%を再生可能エネルギーによって供給できた。

　エネルギーシフトというと再生可能エネルギーの普及をまずイメージするかもしれないが、脱化石社会を実現するための第一条件は、社会に必要な一次エネルギーを2008年比で半減させることだ。つまり「創エネより、まず省エネを」ということである。「熱部門」というのは日本では聞きなれないかもしれないが、ドイツでは電力需要と熱需要を分けて考えることが定着しており、その熱需要の約40%を住宅や建築が占めている。また家庭におけるエネルギー需要の約80%が暖房、給湯等の熱需要である。目標に向かって毎年省エネを進めていくためには、規模の大きなものを継続的に省エネしていくことが重要である。それが建築物の省エネルギー化なのである。建築の省エネなくしてエネルギーシフトは達成できないのだ。

　ドイツの将来に関わる国策である以上、住宅や建築において省エネルギー化は「やるに越したことはない」という程度のものではなく、絶対にやらなければいけない「義務」なのだ。よって建築分野においても、省エネ義務基準が段階的に強化されている。これは日独両方で設計に携わってきた経験でいうと、日本で耐震に取り組むことと似ていると感じている。ドイツではエネルギーシフトを国家目標としている以上、その成功のカギを握る住宅や建築において省エネルギー化は我々にとっての耐震性能と同じく死活問題なのだ。

　またエネルギーシフトは単に環境政策というだけではなく経済政策でもある点を指摘したい。ドイツでは石油の98%を、天然ガスの87%を輸入に頼っている。エネルギー資源は、家計にも国家財政にも大きな負担となっている。建築物の省エネ化を進めることは、これまで他国に支払ってきた資源輸入コストを継続的に削減し、自国の建設業界に投資することである。節約したお金を原資に自分たちの業界にお金を回し続け、さらには30万人以上とも言われる省エネ建築に関係する雇用まで生み出しているのだ。

　日本で働いていた頃の私は、建築の環境配慮や省エネの目的が実感できていなかった。しかしドイツでは建築分野が社会の大きな転換の中心的役割を任されている。エネルギーシフトと環境配慮建築は、まさに車の両輪のように一対となり2050年を目指して進んでいる。建築の省エネルギー化が、社会の転換にこれほど大きな影響をもち、建築業界への投資や雇用を生んでいる状況には、建築関係者なら皆が夢をもてるのではないだろうか。言うまでもなく日本でも、ZEH化への取り組みが社会の大きな転換を担っている。（金田）

2-5 ZEHの計画と設計

1 一次エネルギー消費量と外皮性能の計算プログラム

省エネ基準の計算については、H11基準から現行のH28基準のもととなったH25基準に改正される際、それまでの外皮の断熱性能に加え、一次エネルギー消費量の計算も求められるようになった。これは、簡単にいうと断熱性能を上げることによる暖かさに加え、燃費のよさも求められるようになったということだ（図2・37）。つまり、ZEHの住まいは高断熱かつ低燃費を満たす最たるものということになる。

本節では、ZEHの計算に用いる外皮計算と一次エネルギー消費量計算について、その概要とプログラムを紹介する。設計者や工務店のなかには、これらの計算に苦手意識をもつ方もいるが、省エネ住宅およびZEHをつくっていく上では基本となる部分なので、しっかりと取り組んで頂きたい。

(1) 外皮計算

外皮性能の計算は簡単な算数（四則演算）で求められる。外皮計算では以下の四つの値を求める。

① 外皮平均熱貫流率（U_A値）
② 冷房期の平均日射熱取得率（η_{AC}値）
③ 暖房期の平均日射熱取得率（η_{AH}値）
④ 外皮総面積（A）

①の外皮平均熱貫流率（U_A値）は図2・38に示すように、屋根または天井・壁・床・開口部・土間基礎等からの熱損失の合計（「実線部位の面積・長さ」×「各部位の熱貫流率」×「温度差係数」）を外皮面積（点線部）の合計で除することで求められる。

次に、②の冷房期の平均日射熱取得率（η_{AC}値）および③の暖房期の平均日射熱取得率（η_{AH}値）は図2・39に示すように屋根または天井・壁・床・開口部（実線部分）からの日射量の合計を外皮面積（点線部）の合計で除して、100を掛けることで求められる（取得日射量補正係数および方位係数が冷房期と暖房期で異なる値を用いる）。

ここでZEHの要件となる外皮強化基準として、①の外皮平均熱貫流率（U_A値）と②の冷房期の平均日射熱取得率（η_{AC}値）は地域の区分ごとに基準値（表2・1）が定められており、その値の合否の確認が求められるが、③の暖房期の平均日射熱取得率（η_{AH}）、④の外皮総面積（A）に関しては基準値はなく、①の外皮平均熱貫流率（U_A値）、②の冷房期の平均日射熱取得率（η_{AC}値）を含め、一次エネルギー消費量計算の際に用いるための値として求めるものである。

なお、外皮性能基準の計算は、現在ではさまざまなCADソフトと連動していたり、（一社）住宅性能評価・表示協会等のホームページ[※9]上で無料の外皮計算用エクセルシート等が用意されているので上手く活用してほしい。

(2) 一次エネルギー消費量計算

一次エネルギー消費量は図2・40に示すように、

図2・37 省エネ基準の改正と求められる性能

※9 （一社）住宅性能評価・表示協会 HP
☞ https://www2.hyoukakyoukai.or.jp/seminar/gaihi/

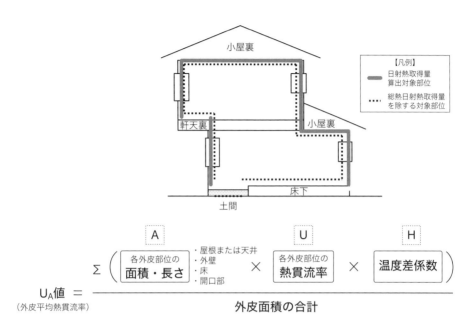

図 2・38　外皮平均熱貫流率の計算対象部位と計算式

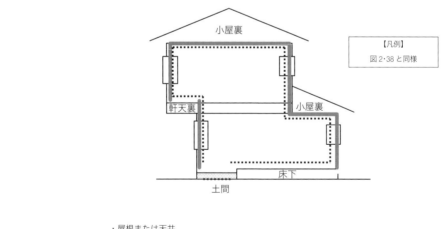

図 2・39　冷房期・暖房期の平均日射熱取得率の計算対象部位と計算式

住宅に設置される暖房設備、冷房設備、換気設備、給湯設備、照明設備、家電・調理等その他設備、太陽光発電設備、コージェネレーション設備を対象とし、建物の床面積や建設地の気象条件、各設備効率および生活スケジュール等の条件を踏まえて計算する。

手計算が非常に困難な内容であるため、建築研究所ホームページ上に設けられているエネルギー消費性能計算プログラム（以下WEBプログラム）により計算を行う。具体的には、WEBプログラム上で、共通条件（床面積・地域区分）、外皮計算により求めた値（外皮面積、U_A、η_{AC}、η_{AH}）および設置予定（設置済）の各設備の仕様を入力するだけで結果を求めることができる（図2・41）。

なお、建築研究所のWEBプログラムでは、ZEHの定義にある「再生可能エネルギーを除く一次エネルギー消費量の削減率」および「再生可能エネルギーを含む一次エネルギー消費量の削減率」の結果は計算されないため、別途計算が必要となるが、これに関しても、（一社）住宅性能評価・表示協会のホームページ等で無料のZEH判定用のエクセルシートが用意されているので活用してほしい（図2・42）。

2 躯体性能と設備性能とのバランスの考え方

(1) ZEHをつくる際の優先順位

ZEHの要件として、①断熱性能の向上（H28基準よりさらに20％程度の向上）、②高効率設備による省エネ（再生可能エネルギーを除いて一次エネルギー消費量20％以上の削減）、③創エネ（再生

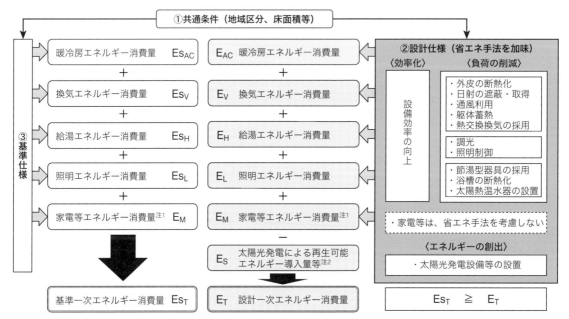

注1：家電および調理のエネルギー消費量。建築設備に含まれないことから、省エネルギー手法は考慮せず、床面積に応じた同一の標準値を設計一次エネルギー消費量および基準一次エネルギー消費量の両方に使用する
注2：コージェネレーション設備により発電されたエネルギー量も含まれる。

図2・40　一次エネルギー消費量計算のフロー図（出典：国土交通省の資料をもとに日本ERI㈱にて作成）

図2・41 一次エネルギー消費量計算入力画面（共通条件）の例（出典：建築研究所HP）

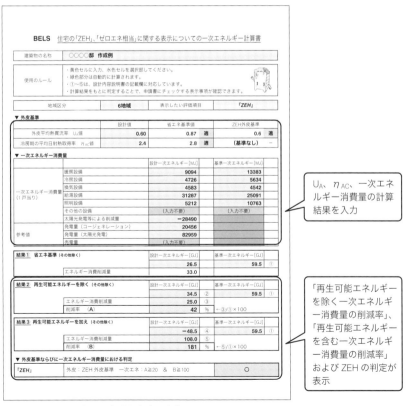

図2・42 ZEHシートの入力項目と表示内容（出典：（一社）住宅性能評価・表示協会HP）

可能エネルギーを含み一次エネルギー消費量100％以上の削減）の三つがある。この要件をクリアするためにはコストアップは免れない。予算が豊富な場合は難なく三つの要件をすべてクリアすることができるが、そうでなければ難しい。では、予算が少ない場合はZEHを諦めるしかないのかというとそうではなく、そのような場合は優先順位を考える必要がある。まずは十分な断熱、次が高効率設備、最後に創エネという考え方が最も合理的である（図2・43）。

(2) 断熱を優先する理由

ZEHの優先順位について、その根拠を考えてみる。穴の開いたバケツに水を溜めるイメージをしてみるとよいだろう。穴を埋めずに大量の水を流すことは「もったいない」というのが世の中の常識である。同じように断熱の不十分な家で、いくら高効率な設備や太陽光発電を設置しても、熱とエネルギーの無駄になる。さらに断熱・気密不足によるコールドドラフトや結露等で快適性も損なわれるだろう（図2・23）。

また、躯体の断熱と設備の設置時期に関して考えてみる。図2・44にあるように断熱工事を新築時に行う場合と、数年後に改修工事をして行う場合では、改修工事として行う方が新築時に行う場合の3～5倍のコストがかかってしまう。一方、

①外皮性能　　②設備効果　　③創エネ
建物の断熱　　給湯や冷暖房設備などの　　再生可能エネルギー
（熱漏れの削減）　設備の高効果率　　による創エネルギー

図2・43　建築物の省エネルギー化の順番（出典：(一社)日本エネルギーパス協会）

タイミング	太陽光発電	高断熱化
5年前に新築	240万円	100万円
今リフォーム	120万円（半額に減少）	400万円（4倍に増加）

図2・44　省エネ工事の時期と費用の関係（2018年1月時点）（出典：(一社)日本エネルギーパス協会）

例えば太陽光パネルは、数年後の方がはるかに低コストで高効率な設備が設置できる。どちらを優先するかは明白である。

(3) 躯体と設備の耐用年数

次に断熱材と設備機器の耐用年数を考えてみると、図2・45に示すように断熱材は躯体と同じく、少なくとも30年以上、長期優良住宅であれば60～100年と考えられる。しかし、設備機器は、おおよそ10～20年である。つまり、設備機器に関しては、躯体の建て替えまでに3～6回の交換が必要となる。例えばエアコンを1台10万円とすると、リビングと主寝室、洋室2部屋にそれぞれ設置してあれば4台×10万円＝40万円のイニシャルコストと40万円×6回＝240万円のランニングコストがかかる。新築時にはエアコンの他にも、冷蔵庫、テレビ、洗濯機等の家電も併せて購入することが多い。その多くが10年程度で交換時期となれば、普通はすべての家電を一気に交換とはいかない。10年後にはテレビかエアコンかの選択に迫られるだろう。新築時に断熱工事を十分に行うことで暖房の負荷を減らすことができれば、例えばリビングのエアコン能力を小さい機種にしてコストを抑えることができる。または、間取りにもよるが、エアコンの台数を4台から2台に減らすことができれば、エアコンの更新コストは10万円×2台×6回＝120万円となり、エアコンとテレビ両方の選択も可能になるだろう。ここに光熱費も併せて考えると、イニシャルコストを断熱と設備のどちらに投資するべきかは簡単に想像できるだろう（図2・46）。

限られた予算であるからこそ、十分な断熱・気密仕様と平面計画を含めた合理的な設備仕様から、将来的な設置に合わせて太陽光発電設備の容量を検討することが、快適性と建物資産価値の向上のために最も合理的である。

(4) 建物の資産価値

日本では「スマートハウス」という言葉が生まれて以来、断熱と設備を一緒くたに考える傾向が

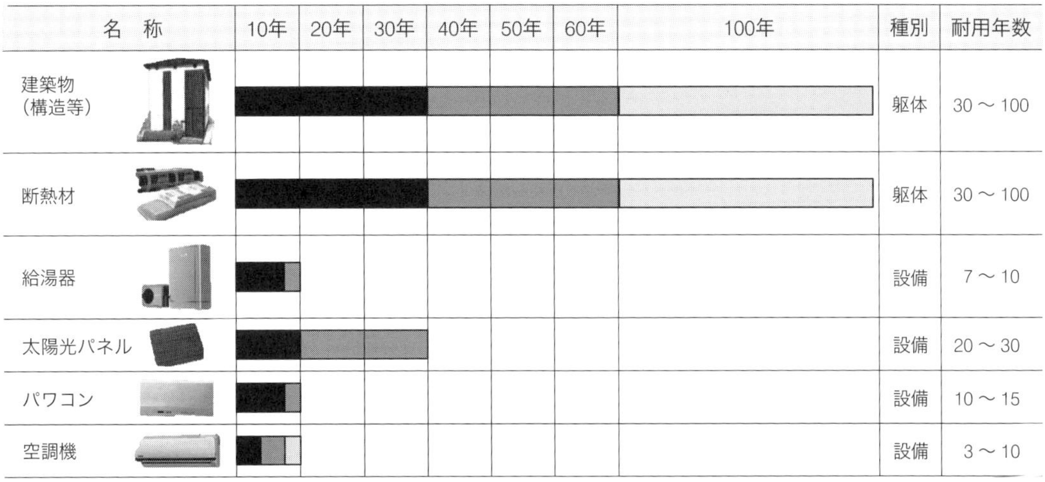

名称	10年	20年	30年	40年	50年	60年	100年	種別	耐用年数
建築物（構造等）								躯体	30～100
断熱材								躯体	30～100
給湯器								設備	7～10
太陽光パネル								設備	20～30
パワコン								設備	10～15
空調機								設備	3～10

図2・45　住宅における建材・設備の耐用年数（出典：(一社) 日本エネルギーパス協会の表を編者が一部修正）

あり、最新の高効率設備や再エネ設備を設置するだけで快適性や資産価値が高い省エネ住宅だと謳っている事業者もある。残念ながら設備中心の住宅は「型落ち」により性能の低下とともに資産価値の低下が加速することは間違いない。そもそも躯体の断熱が不十分であれば快適性が得られることもないだろう。欧米等の先進国では、建物の資産価値を測る際、躯体と設備は必ず切り離して考えている。十分な断熱工事を行った快適な住宅を親から子、子から孫へと何代にも渡り大切に使っている。

LCC 設備優先タイプ　　　　　　　　　　　　　　　　　　　　　　　　　※関東6地域、30坪程度を想定

名　称	イニシャルコスト	ランニングコスト（期間60年）	計	耐用年数
断熱材 	40万円（H4基準相当）	0円（メンテナンス費除く）	40万円	60年
空調機 	40万円（10万円×4ヶ所）	200万円（40万円×5回）	240万円（電気代除く）	10年
LCC 	80万円（30万円+40万円）	200万円（0円+200万円）	280万円	

LCC 断熱優先タイプ　　　　　　　　　　　　　　　　　　　　　　　　　※関東6地域、30坪程度を想定

名　称	イニシャルコスト	ランニングコスト（期間60年）	計	耐用年数
断熱材 	80万円（ZEH基準相当）	0円（メンテナンス費除く）	80万円	60年
空調機 	20万円（10万円×2ヶ所）	100万円（20万円×5回）	120万円（電気代除く）	10年
LCC 	100万円（80万円+20万円）	100万円（0円+240万円）	180万円	

図2・46　設備優先タイプと断熱優先タイプのLCC（ライフサイクルコスト）比較

2-5 資料編　地域別 ZEH 基準の適合仕様例

ZEH 等で求められる外皮性能（U_A 値基準）は、表1の通りであるが、本適合仕様例の外皮仕様例においては、安全側で想定している。0.28、0.38、0.46、0.56 の4つの U_A 値における標準的な仕様を次の地域区分を前提に断熱材の種類ごとに整理している。

表1　ZEH 等で求められる外皮性能（U_A 値基準）

地域	ZEH強化外皮基準	ZEH更なる強化外皮基準（ランクアップ外皮平均熱貫流率）	平成28年省エネ基準適合
1地域	0.4 以下	0.3 以下	0.46 以下
2地域	0.4 以下	0.3 以下	0.46 以下
3地域	0.5 以下	0.4 以下	0.56 以下
4地域	0.6 以下	0.4 以下	0.75 以下
5地域	0.6 以下	0.4 以下	0.87 以下
6地域	0.6 以下	0.5 以下	0.87 以下
7地域	0.6 以下	0.5 以下	0.87 以下

注：8地域は U_A 値の基準はないが、η_{AC} 値（冷房期の平均日射熱取得率）の基準がある。

U_A 値 0.28：1地域（旭川：更なる強化外皮基準）
　　　　　　2地域（札幌：更なる強化外皮基準）
U_A 値 0.38：3地域（盛岡：更なる強化外皮基準）
　　　　　　4地域（仙台：更なる強化外皮基準）
　　　　　　5地域（新潟：更なる強化外皮基準）
U_A 値 0.46：3地域（盛岡：強化外皮基準）
　　　　　　6地域（東京：更なる強化外皮基準）
　　　　　　7地域（宮崎：更なる強化外皮基準）
U_A 値 0.56：4地域（仙台：強化外皮基準）
　　　　　　5地域（新潟：強化外皮基準）
　　　　　　6地域（東京：強化外皮基準）
　　　　　　7地域（宮崎：強化外皮基準）

外皮仕様例については、U_A 値の違いによる断熱の仕様違いをわかりやすく示すために、ロックウールとフェノールフォームを題材にして、矩計図、部分平面図を例示した。

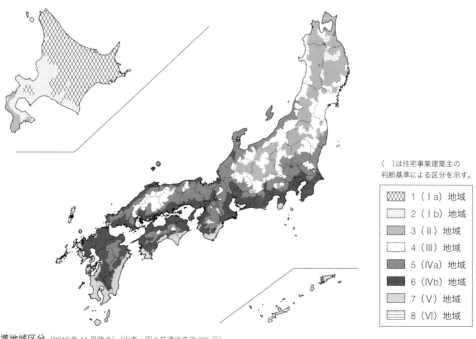

図1　省エネ基準地域区分（2018年11月時点）（出典：国土交通省告示265号）

※1 （一社）日本建材・住宅設備産業協会『ZEHのつくり方』（平成30年度版）p.17、18、25、26、33～36

　また設備仕様例と一次エネルギー消費量の計算結果と削減率は、札幌（2地域）、仙台（4地域）、東京（6地域）、宮崎（7地域）を前提に計算を行っている。

　なお計算に使用した住宅モデルは、「自立循環型住宅設計ガイドライン設定モデル住宅（一般モデル：木造2階建　延床面積120.08m²）を使用しており、屋根勾配20度で計算を行った。また、断熱材の仕様等については、（一社）日本建材・住宅設備産業協会作成の『ZEHのつくり方』(平成30年度版)における「地域別ZEH基準適合仕様例」をベースにした※1。

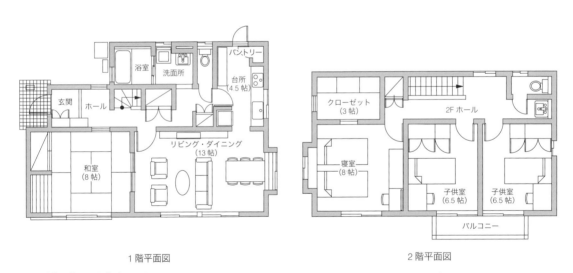

図2　計算に使用した住宅モデル（出典：（一社）日本建材・住宅設備産業協会『ZEHのつくり方』（平成30年度版）p.39）
注：ただし1～3地域と4～7地域は開口部の面積が異なる。

U_A 値 0.28（計算値）｜ 1・2 地域の例

1 地域｜更なる強化外皮基準（旭川）
2 地域｜更なる強化外皮基準（札幌）

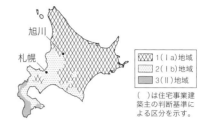

（　）は住宅事業建築主の判断基準による区分を示す。

● 外皮の性能と仕様例

断熱材種類	屋根・天井	外壁	床	基礎（外気）	基礎（内側）
ロックウール（RW）	[天井] 吹込み用ロックウール LFRW2547 $\lambda = 0.047$ 厚さ = 450mm	[充填 + 外張] 充填：住宅用ロックウール RWMA $\lambda = 0.038$ 厚さ = 105mm ＋ 外張：押出法ポリスチレンフォーム断熱材 3 種 XPS3 種 bA $\lambda = 0.028$ 厚さ = 100mm	[根太間 + 大引間] 根太間：押出法ポリスチレンフォーム断熱材 3 種 bA（XPS3bA） $\lambda = 0.028$ 厚さ = 45mm 大引間：押出法ポリスチレンフォーム断熱材 3 種 bA（XPS3bA） $\lambda = 0.028$ 厚さ = 50mm	[立ち上がり部] 押出法ポリスチレンフォーム断熱材 3 種 bA（XPS3bA） $\lambda = 0.028$ 厚さ = 100mm	[立ち上がり部] 押出法ポリスチレンフォーム断熱材 3 種 bA（XPS3bA） $\lambda = 0.028$ 厚さ = 50mm

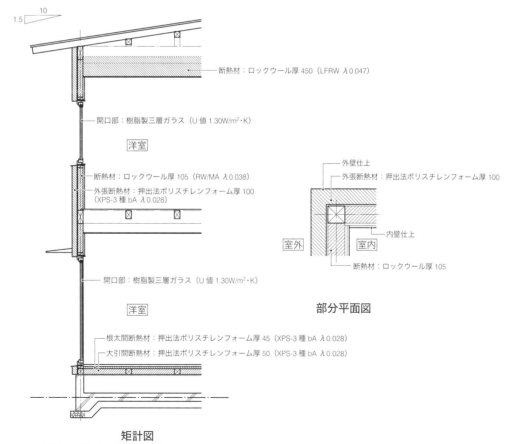

矩計図
更なる強化外皮基準（U_A 値 0.28）／ロックウール断熱材の仕様例

U_A値	開口部			
	窓		ドア	
0.25	1.30W/m²・K　樹脂サッシ Low-E三層ガラス(Low-E 2枚・G9×2)日射取得型		1.75W/m²・K	
断熱材種類	屋根・天井	外壁	床	基礎（外気） 基礎（内側）
フェノールフォーム（PF）	[屋根外張＋垂木間充填] 外張： フェノールフォーム断熱材1種2号（PF1.2CⅡ） λ＝0.020　厚さ＝100mm 垂木間： フェノールフォーム断熱材1種2号（PF1.2CⅡ） λ＝0.020　厚さ＝100mm	[充填＋外張] 充填： 高性能グラスウール 16K GWHG16-38 λ＝0.038　厚さ＝105mm 外張： フェノールフォーム断熱材1種2号（PF1.2CⅡ） λ＝0.020　厚さ＝100mm	[大引間] フェノールフォーム断熱材1種2号（PF1.2CⅡ） λ＝0.020　厚さ＝100mm	[立ち上がり部] 内張： フェノールフォーム断熱材1種2号（PF1.2CⅡ） λ＝0.020　厚さ＝100mm [水平部] フェノールフォーム断熱材1種2号（PF1.2CⅡ） λ＝0.020　厚さ＝100mm

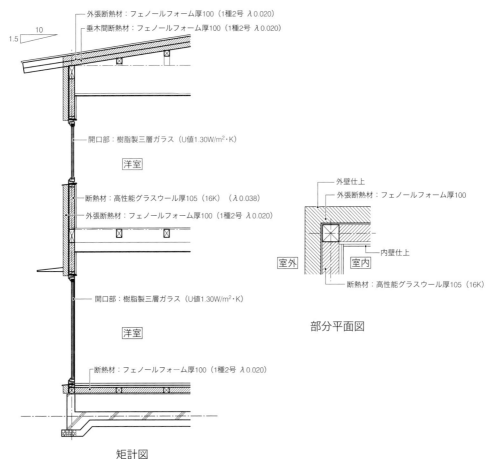

矩計図

更なる強化外皮基準（U_A値0.28）／フェノールフォーム断熱材の使用例

断熱材種類	屋根・天井	外壁	床	基礎（外気）	基礎（内側）
グラスウール（GW）	[天井] 吹込み用グラスウール 18K LFGW1852 $\lambda = 0.052$ 厚さ = 400mm	[充填＋外張] 充填：高性能グラスウール 16K GWHG16-38 $\lambda = 0.038$ 厚さ = 105mm ＋ 外張：高性能グラスウール 16K GWHG16-38 $\lambda = 0.038$ 厚さ = 100mm	[根太間＋大引間] 根太間：高性能グラスウール 16K GWHG16-38 $\lambda = 0.038$ 厚さ = 100mm ＋ 大引間：高性能グラスウール 16K GWHG16-38 $\lambda = 0.038$ 厚さ = 100mm	[立ち上がり部] 押出法ポリスチレンフォーム断熱材3種bA（XPS3bA） $\lambda = 0.028$ 厚さ = 100mm	
押出法ポリスチレンフォーム（XPS）	[桁上＋天井] 桁上：押出法ポリスチレンフォーム断熱材3種bD（XPS3bD） $\lambda = 0.022$ 厚さ = 100mm ＋ 天井：吹込み用グラスウール 18K LFGW1852 $\lambda = 0.052$ 厚さ = 300mm	[充填＋外張] 充填：高性能グラスウール 16K GWHG16-38 $\lambda = 0.038$ 厚さ = 105mm ＋ 外張：押出法ポリスチレンフォーム断熱材3種bD（XPS3bD） $\lambda = 0.022$ 厚さ = 100mm	[根太間＋大引間] 根太間：押出法ポリスチレンフォーム断熱材3種bA（XPS3bA） $\lambda = 0.028$ 厚さ = 60mm ＋ 大引間：押出法ポリスチレンフォーム断熱材3種bA（XPS3bA） $\lambda = 0.028$ 厚さ = 100mm	[立ち上がり部] 押出法ポリスチレンフォーム断熱材3種bA（XPS3bA） $\lambda = 0.028$ 厚さ = 100mm [水平部] 押出法ポリスチレンフォーム断熱材3種bA（XPS3bA） $\lambda = 0.028$ 厚さ = 100mm	
硬質ウレタンフォーム（PUF）	[屋根外張＋垂木間充填] 外張：硬質ウレタンフォーム断熱材2種2号A（PUF2.2A） $\lambda = 0.024$ 厚さ = 80mm 充填：吹付け硬質ウレタンフォームA種1H（NF1H） $\lambda = 0.026$ 厚さ = 180mm	[充填＋外張] 外張：硬質ウレタンフォーム断熱材2種2号A（PUF2.2A） $\lambda = 0.024$ 厚さ = 85mm 充填：吹付け硬質ウレタンフォームA種1H（NF1H） $\lambda = 0.026$ 厚さ = 105mm	—	[立ち上がり部] 外側：硬質ウレタンフォーム断熱材2種2号A（PUF2.2A） $\lambda = 0.024$ 厚さ = 85mm	—
ビーズ法ポリスチレンフォーム（EPS）	[桁上断熱＋梁間充填] 桁上：ビーズ法ポリスチレンフォームEPS1号（EPS1） $\lambda = 0.034$ 厚さ = 235mm 梁間：ビーズ法ポリスチレンフォームEPS1号（EPS1） $\lambda = 0.034$ 厚さ = 105mm	[充填＋外張] 外張：ビーズ法ポリスチレンフォームEPS1号（EPS1） $\lambda = 0.034$ 厚さ = 120mm 充填：高性能グラスウール 16K GWHG16-38 $\lambda = 0.038$ 厚さ = 105mm	[根太間＋大引間] 根太間：ビーズ法ポリスチレンフォームEPS1号（EPS1） $\lambda = 0.034$ 厚さ = 140mm 大引間：ビーズ法ポリスチレンフォームEPS1号（EPS1） $\lambda = 0.034$ 厚さ = 120mm	[立ち上がり部] 水平補強範囲 900mm 外張：ビーズ法ポリスチレンフォーム 防蟻EPS1号（EPS1） $\lambda = 0.034$　厚さ = 120mm [水平部] 底盤下：ビーズ法ポリスチレンフォーム 防蟻EPS1号（EPS1） $\lambda = 0.034$　厚さ = 60mm	
インシュレーションファイバー	ファイバーマットIM $\lambda = 0.040$ 厚さ = 140mm + 140mm + 140mm	[充填＋外張] 充填：ファイバーマットIM $\lambda = 0.040$ 厚さ = 105mm ＋ 外張：フェノールフォームPF $\lambda = 0.020$ 厚さ = 60mm	[根太間＋大引間] 根太間：ファイバーマットIM $\lambda = 0.040$ 厚さ = 45mm ＋ 大引間：ファイバーマットIM $\lambda = 0.040$ 厚さ = 140mm	[立ち上がり部] 押出法ポリスチレンフォーム断熱材3種bA（XPS3bA） $\lambda = 0.028$　厚さ = 100mm	

2 地域 | 更なる強化外皮基準（札幌）　　日射区分：A2（$\eta_{AH}1.8$、$\eta_{AC}1.1$）

●設備仕様例と一次エネルギー消費量の計算結果と削減率

	仕様 No.	1 一般設備	2 一般設備	3 一般設備	4 一般設備	5 一般設備	6 高効率設備	7 高効率設備
設備仕様	暖房	ルームエアコンディショナー（い）主たる居室、（は）その他居室	←	←	パネルラジエーター（電気ヒートポンプ）	←	ルームエアコンディショナー（い）全居室	←
	冷房	ルームエアコンディショナー（い）主たる居室、（は）その他居室	←	←	←	←	ルームエアコンディショナー（い）全居室	←
	換気	ダクト式 第一種換気設備（比消費電力0.4、温度交換効率65%）	←	←	←	←	ダクト式 第一種換気設備（比消費電力0.18、温度交換効率82%）	←
	給湯	電気ヒートポンプ給湯機（効率3.2）	ガス潜熱回収型給湯器（モード熱効率92.5%）	コージェネレーション（PEFC）	電気ヒートポンプ給湯機（効率3.2）	ガス潜熱回収型給湯器（モード熱効率92.5%）	電気ヒートポンプ給湯機（効率3.6）	ガス潜熱回収型給湯器（モード熱効率92.5%）
	照明	すべてLED						
	太陽光発電（南20°）	5.28kW（220W×24枚）パワコン入力なし	←	←	←	←	5.93kW（247W×24枚）パワコン96%	←
	基準一次エネルギー消費量[GJ/年]	83.4	83.4	83.4	116.6	116.6	83.4	83.4
	設計一次エネルギー消費量[GJ/年]	54.3	53.2	45.8	60.9	59.8	47.2	48.2
	太陽光発電量[GJ/年]	47.7	47.7	47.7	47.7	47.7	55.4	55.4
	削減量合計[GJ/年]	76.8	77.9	85.3	103.3	104.4	91.7	90.7
削減率[%]	外皮・設備 20%以上	35%	36%	45%	48%	49%	43%	42%
	外皮・設備&太陽光	92%	93%	102%	89%	90%	110%	109%
ZEH基準 100%以上 / Nearly ZEH基準 75%以上		Nearly ZEH 基準クリア	Nearly ZEH 基準クリア	ZEH基準 クリア	Nearly ZEH 基準クリア	Nearly ZEH 基準クリア	ZEH基準 クリア	ZEH基準 クリア

U_A値 0.38（計算値）｜ 3・4・5 地域の例

3 地域｜更なる強化外皮基準（盛岡）[※2]
4 地域｜更なる強化外皮基準（仙台）
5 地域｜更なる強化外皮基準（新潟）

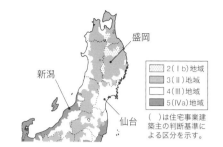

● 外皮の性能と仕様例

断熱材種類	屋根・天井	外壁	床	基礎（外気）	基礎（内側）
ロックウール（RW）	［天井］ 住宅用ロックウール RWMA $\lambda = 0.038$ 厚さ＝310mm （155mm×2層）	［充填＋外張］ 充填：住宅用ロックウール RWMA $\lambda = 0.038$ 厚さ＝105mm ＋ 外張：住宅用ロックウール RWMA $\lambda = 0.038$ 厚さ＝100mm	［根太間＋大引間］ 根太間：押出法ポリスチレンフォーム断熱材3種 bA（XPS3bA） $\lambda = 0.028$ 厚さ＝45mm 大引間：押出法ポリスチレンフォーム断熱材3種 bA（XPS3bA） $\lambda = 0.028$ 厚さ＝80mm	［立ち上がり部］ 押出法ポリスチレンフォーム断熱材3種 bA（XPS3bA） $\lambda = 0.028$ 厚さ＝50mm	

[※3]

矩計図
更なる強化外皮基準（U_A値 0.38）／ロックウール断熱材の仕様例

U_A 値 0.38(計算値) | 3・4・5 地域の例 - 2

※2 3地域と4・5及び6・7地域は計算モデルの開口部面積は違うが、それぞれの開口部面積で確認済み。
※3 (一社)日本建材・住宅設備産業協会『ZEHのつくり方』(平成30年度版)を参考に編者が一部修正。

U_A値	開口部	
	窓	ドア
0.38	1.90W/m²・K　樹脂サッシ Low-E 複層ガラス(G12以上)　日射取得型	1.90W/m²・K

断熱材種類	屋根・天井	外壁	床	基礎(外気)	基礎(内側)
フェノールフォーム (PF)	[屋根外張+垂木間充填] 外張： フェノールフォーム断熱材1種2号(PF1.2CⅡ) λ=0.020　厚さ=30mm 垂木間： フェノールフォーム断熱材1種2号(PF1.2CⅡ) λ=0.020　厚さ=90mm	[充填+外張] 外張： フェノールフォーム断熱材1種2号(PF1.2CⅡ) λ=0.020　厚さ=30mm 充填： 高性能グラスウール16K、14K GWHG16-38、14-38 λ=0.038　厚さ=105mm	[大引間] フェノールフォーム断熱材1種2号(PF1.2CⅡ) λ=0.020 厚さ=100mm	[立ち上がり部] 内張 フェノールフォーム断熱材1種2号(PF1.2CⅡ) λ=0.020 厚さ=80mm	[立ち上がり部] 内張 フェノールフォーム断熱材1種2号(PF1.2CⅡ) λ=0.020 厚さ=25mm

※3

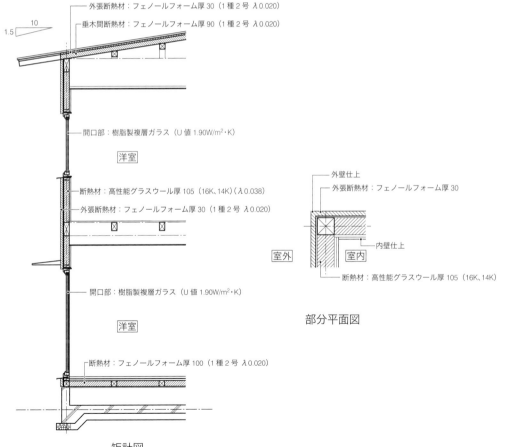

更なる強化外皮基準(U_A値 0.38)／フェノールフォーム断熱材の仕様例

2-5 資料編　地域別 ZEH 基準の適合仕様例

U_A 値 0.38（計算値）｜ 3・4・5 地域の例 - 3

断熱材種類	屋根・天井	外壁	床	基礎（外気）	基礎（内側）
グラスウール（GW）	[天井] 高性能グラスウール 16K、14K GWHG16-38、14-38 $\lambda=0.038$ 厚さ＝310mm	[充填＋外張] 充填：高性能グラスウール 16K、14K GWHG16-38、14-38 $\lambda=0.038$　厚さ＝105mm ＋ 外張：高性能グラスウール 16K、14K GWHG16-38、14-38 $\lambda=0.038$　厚さ＝100mm	[根太間＋大引間] 根太間：グラスウール 32K、高性能グラスウール 24K GW32-36、GWHG24-36 $\lambda=0.036$　厚さ＝42mm ＋ 大引間：グラスウール 32K、高性能グラスウール 24K GW32-36、GWHG24-36 $\lambda=0.036$　厚さ＝80mm	[立ち上がり部] 押出法ポリスチレンフォーム断熱材3種bA（XPS3bA） $\lambda=0.028$ 厚さ＝100mm	
押出法ポリスチレンフォーム（XPS）	[桁上] 押出法ポリスチレンフォーム断熱材3種bD（XPS3bD） $\lambda=0.022$ 厚さ＝125mm	[充填＋外張] 外張：押出法ポリスチレンフォーム断熱材3種bD（XPS3bD） $\lambda=0.022$　厚さ＝75mm ＋ 充填：高性能グラスウール 16K、14K GWHG16-38、14-38 $\lambda=0.038$　厚さ＝105mm	[大引間] 押出法ポリスチレンフォーム断熱材3種bA（XPS3bA） $\lambda=0.028$　厚さ＝90mm	[立ち上がり部] 内側：押出法ポリスチレンフォーム断熱材3種bA（XPS3bA） $\lambda=0.028$　厚さ＝50mm [水平部] 押出法ポリスチレンフォーム断熱材3種bA（XPS3bA） $\lambda=0.028$　厚さ＝50mm	
硬質ウレタンフォーム（PUF）	[屋根外張＋垂木間充填] 外張：硬質ウレタンフォーム断熱材2種2号A（PUF2.2A） $\lambda=0.024$ 厚さ＝50mm 充填：吹付け硬質ウレタンフォームA種3（NF3） $\lambda=0.040$ 厚さ＝140mm	[充填＋外張] 外張：硬質ウレタンフォーム断熱材2種2号A（PUF2.2A） $\lambda=0.024$　厚さ＝60mm ＋ 充填：吹付け硬質ウレタンフォームA種3（NF3） $\lambda=0.040$　厚さ＝105mm	[根太間＋大引間] 根太間：硬質ウレタンフォーム断熱材2種2号A（PUF2.2A） $\lambda=0.024$　厚さ＝60mm ＋ 大引間：硬質ウレタンフォーム断熱材2種2号A（PUF2.2A） $\lambda=0.024$　厚さ＝75mm	[立ち上がり部] 外側：硬質ウレタンフォーム断熱材2種2号A（PUF2.2A） $\lambda=0.024$　厚さ＝85mm [水平補強断熱] 硬質ウレタンフォーム断熱材2種2号A（PUF2.2A） $\lambda=0.024$　厚さ＝50mm 水平補強範囲　450mm	
ビーズ法ポリスチレンフォーム（EPS）	[桁上断熱＋梁間充填] 桁上：ビーズ法ポリスチレンフォーム EPS1号（EPS1） $\lambda=0.034$ 厚さ＝100mm 梁間：ビーズ法ポリスチレンフォーム EPS1号（EPS1） $\lambda=0.034$ 厚さ＝100mm	[充填＋外張] 外張：ビーズ法ポリスチレンフォーム EPS1号（EPS1） $\lambda=0.034$　厚さ＝90mm 充填：高性能グラスウール 16K、14K GWHG16-38、14-38 $\lambda=0.038$　厚さ＝105mm	[根太間＋大引間] 根太間：ビーズ法ポリスチレンフォーム EPS1号（EPS1） $\lambda=0.034$　厚さ＝60mm 大引間：ビーズ法ポリスチレンフォーム EPS1号（EPS1） $\lambda=0.034$　厚さ＝105mm	[立ち上がり部] 水平補強範囲 900mm 外張：ビーズ法ポリスチレンフォーム防蟻 EPS1号（EPS1） $\lambda=0.034$　厚さ＝90mm [水平部] 底盤下：ビーズ法ポリスチレンフォーム防蟻 EPS1号（EPS1） $\lambda=0.034$　厚さ＝45mm	
インシュレーションファイバー	ファイバーマット IM $\lambda=0.040$ 厚さ＝140mm＋120mm	[充填＋外張] 充填：ファイバーマット IM $\lambda=0.040$　厚さ＝105mm ＋ 外張：ファイバーマット IM $\lambda=0.040$　厚さ＝100mm	[根太間＋大引間] 根太間：ファイバーマット IM $\lambda=0.040$　厚さ＝45mm ＋ 大引間：ファイバーマット IM $\lambda=0.040$　厚さ＝140mm	[立ち上がり部] 押出法ポリスチレンフォーム断熱材3種bA（XPS3bA） $\lambda=0.028$　厚さ＝100mm	

※3

4 地域｜更なる強化外皮基準（仙台）　　　日射区分：A2（$\eta_{AH}2.5$、$\eta_{AC}1.5$）

●設備仕様例と一次エネルギー消費量の計算結果と削減率

仕様 No.		1 一般設備	2 一般設備	3 一般設備	4 一般設備	5 一般設備	6 高効率設備	7 高効率設備
設備仕様	暖房	ルームエアコンディショナー （い）主たる居室、（は）その他居室	←	←	ルームエアコンディショナー （い）全居室	←	←	床暖房（電気ヒートポンプ）
	冷房	ルームエアコンディショナー （い）主たる居室、（は）その他居室	←	←	ルームエアコンディショナー （い）全居室	←	←	←
	換気	ダクト式 第一種換気設備 （比消費電力 0.4、温度交換効率 65%）	←	←	ダクト式 第一種換気設備 （比消費電力 0.18、温度交換効率 82%）	←	←	←
	給湯	電気ヒートポンプ給湯機（効率3.4）	ガス潜熱回収型給湯器（モード熱効率92.5%）	コージェネレーション（PEFC）	電気ヒートポンプ給湯機（効率3.6）	ガス潜熱回収型給湯器（モード熱効率92.5%）	コージェネレーション（PEFC）	電気ヒートポンプ給湯機（効率3.6）
	照明	すべて LED						
	太陽光発電（南20°）	5.28kW（220W×24枚）パワコン入力なし	4.84kW（220W×22枚）パワコン入力なし	4.45kW（247W×18枚）パワコン96%	4.94kW（247W×20枚）パワコン96%	4.45kW（247W×18枚）パワコン96%	4.94kW（247W×20枚）パワコン96%	
基準一次エネルギー消費量 [GJ/年]		74.4	74.4	74.4	74.4	74.4	74.4	74.4
設計一次エネルギー消費量 [GJ/年]		45.4	46.6	40.0	40.1	42.5	36.7	41.3
太陽光発電量 [GJ/年]		47.0	47.0	43.1	41.0	45.5	41.0	45.5
削減量合計 [GJ/年]		76.0	74.7	77.4	75.2	77.4	78.7	78.6
削減率 [%]	外皮・設備 20%以上	39%	37%	46%	46%	43%	51%	45%
	外皮・設備&太陽光	102%	100%	104%	101%	104%	106%	106%
	ZEH基準 100%以上	ZEH基準クリア	ZEH基準クリア	ZEH基準クリア	ZEH基準クリア	ZEH基準クリア	ZEH基準クリア	ZEH基準クリア

U_A 値 0.46（計算値）｜ 3・6・7 地域の例

3 地域｜強化外皮基準（盛岡）※2
6 地域｜更なる強化外皮基準（東京）
7 地域｜更なる強化外皮基準（宮崎）

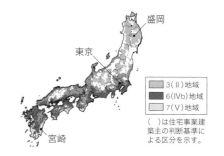

（　）は住宅事業建築主の判断基準による区分を示す。

◉ 外皮の性能と仕様例

断熱材種類	屋根・天井	外壁	床	基礎（外気）	基礎（内側）
ロックウール（RW）	［天井］ 住宅用ロックウール RWMA λ＝0.038 厚さ＝155mm	［充填＋外張］ 充填：住宅用ロックウール RWMA λ＝0.038 厚さ＝105mm ＋ 外張：住宅用ロックウール RWMA λ＝0.038 厚さ＝50mm	［大引間］ 押出法ポリスチレンフォーム断熱材3種bA（XPS3bA） λ＝0.028 厚さ＝100mm	［立ち上がり部］ 押出法ポリスチレンフォーム断熱材3種bA（XPS3bA） λ＝0.028 厚さ＝50mm	

※3

矩計図
更なる強化外皮基準（U_A 値 0.46）／ロックウール断熱材の仕様例

部分平面図

U$_A$ 値 0.46（計算値）｜ 3・6・7 地域の例 - 2

U$_A$ 値	開口部				
	窓		ドア		
0.46	1.90W/m²・K　樹脂サッシ Low-E 複層ガラス（G12 以上）　日射取得型		1.90W/m²・K		
断熱材種類	屋根・天井	外壁	床	基礎（外気）	基礎（内側）
フェノールフォーム（PF）	[垂木間] フェノールフォーム断熱材 1 種 2 号（PF1.2CⅡ） λ＝0.020 厚さ＝100mm	[充填＋外張] 外張：フェノールフォーム断熱材 1 種 2 号（PF1.2CⅡ） λ＝0.020 厚さ＝20mm 充填：高性能グラスウール 16K、14K GWHG16-38、14-38 λ＝0.038 厚さ＝105mm	[大引間] フェノールフォーム断熱材 1 種 2 号（PF1.2CⅡ） λ＝0.020 厚さ＝100mm	[立ち上がり部] 内張：フェノールフォーム断熱材 1 種 2 号（PF1.2CⅡ） λ＝0.020 厚さ＝80mm	[立ち上がり部] 内張：フェノールフォーム断熱材 1 種 2 号（PF1.2CⅡ） λ＝0.020 厚さ＝25mm

※3

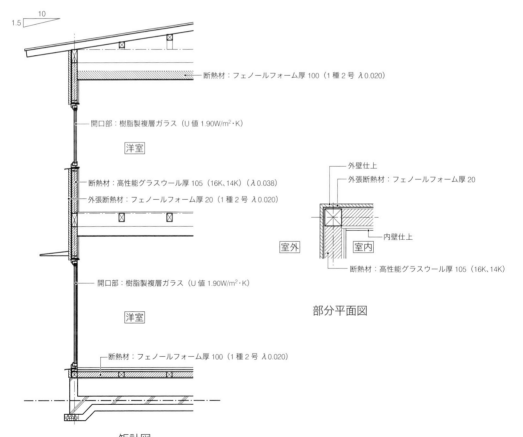

矩計図

更なる強化外皮基準（U$_A$ 値 0.46）／フェノールフォーム断熱材の仕様例

U_A値 0.46（計算値）｜ 3・6・7 地域の例 - 3

断熱材種類		屋根・天井	外壁	床	基礎（外気）	基礎（内側）
グラスウール（GW）		[天井] 高性能グラスウール 16K、14K GWHG16-38、14-38 $\lambda=0.038$ 厚さ＝200mm	[充填＋外張] 充填：高性能グラスウール 16K、14K GWHG16-38、14-38 $\lambda=0.038$ 厚さ＝105mm ＋ 外張：高性能グラスウール 32K GWHG32-35 $\lambda=0.035$ 厚さ＝35mm	[根太間＋大引間] 根太間：グラスウール 32K、高性能グラスウール 24K GW32-36、GWHG24-36 $\lambda=0.036$ 厚さ＝42mm ＋ 大引間：グラスウール 32K、高性能グラスウール 24K GW32-36、GWHG24-36 $\lambda=0.036$ 厚さ＝80mm	[立ち上がり部] 押出法ポリスチレンフォーム断熱材 3 種 bA（XPS3bA） $\lambda=0.028$ 厚さ＝100mm	
押出法ポリスチレンフォーム（XPS）		[桁上] 押出法ポリスチレンフォーム断熱材 3 種 bA（XPS3bA） $\lambda=0.028$ 厚さ＝100mm	[外張] 押出法ポリスチレンフォーム断熱材 3 種 bD（XPS3bD） $\lambda=0.022$ 厚さ＝75mm	[大引間] 押出法ポリスチレンフォーム断熱材 3 種 bA（XPS3bA） $\lambda=0.028$ 厚さ＝90mm	[立ち上がり部] 内側：押出法ポリスチレンフォーム断熱材 3 種 bA（XPS3bA） $\lambda=0.028$ 厚さ＝50mm [水平部] 押出法ポリスチレンフォーム断熱材 3 種 bA（XPS3bA） $\lambda=0.028$ 厚さ＝50mm	
硬質ウレタンフォーム（PUF）	ボード	[屋根外張＋垂木間充填] 外張：硬質ウレタンフォーム断熱材 2 種 2 号 A（PUF2.2A） $\lambda=0.024$ 厚さ＝50mm 充填：吹付け硬質ウレタンフォーム A 種 3（NF3） $\lambda=0.040$ 厚さ＝90mm	[充填＋外張] 外張：硬質ウレタンフォーム断熱材 2 種 2 号 A（PUF2.2A） $\lambda=0.024$ 厚さ＝50mm 充填：吹付け硬質ウレタンフォーム A 種 3（NF3） $\lambda=0.040$ 厚さ＝105mm		[立ち上がり部] 硬質ウレタンフォーム断熱材 2 種 2 号 A（PUF2.2A） $\lambda=0.024$ 厚さ＝50mm [水平補強断熱] 硬質ウレタンフォーム断熱材 2 種 2 号 A（PUF2.2A） $\lambda=0.024$ 厚さ＝50mm 範囲 450mm	
	吹付け	[屋根外張＋垂木間充填] 外張：硬質ウレタンフォーム断熱材 2 種 2 号 A（PUF2.2A） $\lambda=0.024$ 厚さ＝50mm 充填：吹付け硬質ウレタンフォーム A 種 3（NF3） $\lambda=0.040$ 厚さ＝140mm	[充填＋外張] 外張：硬質ウレタンフォーム断熱材 2 種 2 号 A（PUF2.2A） $\lambda=0.024$ 厚さ＝40mm 充填：吹付け硬質ウレタンフォーム A 種 3（NF3） $\lambda=0.040$ 厚さ＝105mm	[根太間＋大引間] 根太間：硬質ウレタンフォーム断熱材 2 種 2 号 A（PUF2.2A） $\lambda=0.024$ 厚さ＝60mm 大引間：硬質ウレタンフォーム断熱材 2 種 2 号 A（PUF2.2A） $\lambda=0.024$ 厚さ＝60mm		
ビーズ法ポリスチレンフォーム（EPS）		[梁間充填＋桁上断熱] 桁上：ビーズ法ポリスチレンフォーム EPS1 号（EPS1） $\lambda=0.034$ 厚さ＝50mm 梁間：ビーズ法ポリスチレンフォーム EPS1 号（EPS1） $\lambda=0.034$ 厚さ＝105mm	[充填＋外張] 外張：ビーズ法ポリスチレンフォーム EPS1 号（EPS1） $\lambda=0.034$ 厚さ＝40mm 充填：高性能グラスウール 16K、14K GWHG16-38、14-38 $\lambda=0.038$ 厚さ＝105mm	[大引間] ビーズ法ポリスチレンフォーム EPS1号（EPS1） $\lambda=0.034$ 厚さ＝105mm	[立ち上がり部] 水平補強範囲 900mm 外張：ビーズ法ポリスチレンフォーム防蟻 EPS1 号（EPS1） $\lambda=0.034$ 厚さ＝40mm [水平部] 底盤下：ビーズ法ポリスチレンフォーム防蟻 EPS1 号（EPS1） $\lambda=0.034$ 厚さ＝20mm	
インシュレーションファイバー		ファイバーマット IM $\lambda=0.040$ 厚さ＝50mm＋100mm	[充填＋外張] 充填：ファイバーマット IM $\lambda=0.040$ 厚さ＝105mm ＋ 外張：ファイバーボード DIB $\lambda=0.052$ 厚さ＝40mm	[根太間＋大引間] 根太間：ファイバーマット IM $\lambda=0.040$ 厚さ＝45mm ＋ 大引間：ファイバーマット IM $\lambda=0.040$ 厚さ＝100mm	[立ち上がり部] 押出法ポリスチレンフォーム断熱材 3 種 bA（XPS3bA） $\lambda=0.028$ 厚さ＝100mm	

※3

6地域 | 更なる強化外皮基準（東京）　　日射区分：A3（$\eta_{AH}3.0$、$\eta_{AC}1.6$）

◉設備仕様例と一次エネルギー消費量の計算結果と削減率

仕様 No.		1 一般設備	2 一般設備	3 一般設備	4 一般設備	5 一般設備	6 高効率設備	7 高効率設備
設備仕様	暖房	ルームエアコンディショナー（い）主たる居室、（は）その他居室	←	←	床暖房（電気ヒートポンプ）	ルームエアコンディショナー（い）全居室	←	←
	冷房	ルームエアコンディショナー（い）主たる居室、（は）その他居室	←	←	←	ルームエアコンディショナー（い）全居室	←	←
	換気	壁付け式　第三種換気設備（比消費電力0.3）				壁付け式　第三種換気設備（比消費電力0.05）		
	給湯	電気ヒートポンプ給湯機（効率3.4）	ガス潜熱回収型給湯器（モード熱効率92.5%）	コージェネレーション（PEFC）	電気ヒートポンプ給湯機（効率3.4）	電気ヒートポンプ給湯機（効率3.6）	ガス潜熱回収型給湯器（モード熱効率92.5%）	太陽熱利用給湯設備(4m²)ガス潜熱回収型給湯器（モード熱効率92.5%）
	照明	すべてLED						
	太陽光発電（南20°）	3.96kW (220W×18枚) パワコン入力なし	4.40kW (220W×20枚) パワコン入力なし	3.52kW (220W×16枚) パワコン入力なし	3.96kW (220W×18枚) パワコン入力なし	3.46kW (247W×14枚) パワコン96%	3.95kW (247W×16枚) パワコン96%	3.52kW (220W×16枚) パワコン入力なし 太陽熱 4m²(2m²×2枚)
基準一次エネルギー消費量 [GJ/年]		59.4	59.4	59.4	59.4	59.4	59.4	59.4
設計一次エネルギー消費量 [GJ/年]		36.3	39.0	33.4	36.3	31.4	35.1	31.3
太陽光発電量 [GJ/年]		38.7	43.0	34.4	38.7	35.0	40.0	34.4
削減量合計 [GJ/年]		61.9	63.5	60.5	61.8	63.0	64.3	62.5
削減率 [%]	外皮・設備 20%以上	39%	34%	44%	39%	47%	41%	47%
	外皮・設備 & 太陽光	104%	107%	102%	104%	106%	108%	105%
ZEH基準 100%以上		ZEH基準クリア	ZEH基準クリア	ZEH基準クリア	ZEH基準クリア	ZEH基準クリア	ZEH基準クリア	ZEH基準クリア

U_A値 0.56（計算値）｜ 4・5・6・7 地域の例

- **4 地域**｜強化外皮基準（仙台）
- **5 地域**｜強化外皮基準（新潟）
- **6 地域**｜強化外皮基準（東京）
- **7 地域**｜強化外皮基準（宮崎）

● 外皮の性能と仕様例

断熱材種類	屋根・天井	外壁	床	基礎（外気）	基礎（内側）
ロックウール（RW）	［天井］ 住宅用ロックウール RWMA $\lambda = 0.038$ 厚さ = 155mm	［充填］ 住宅用ロックウール RWMA $\lambda = 0.038$ 厚さ = 105mm	［大引間］ 押出法ポリスチレンフォーム断熱材3種bA（XPS3bA） $\lambda = 0.028$ 厚さ = 100mm	［立ち上がり部］ 押出法ポリスチレンフォーム断熱材3種bA（XPS3bA） $\lambda = 0.028$ 厚さ = 100mm	［立ち上がり部］ 押出法ポリスチレンフォーム断熱材3種bA（XPS3bA） $\lambda = 0.028$ 厚さ = 50mm

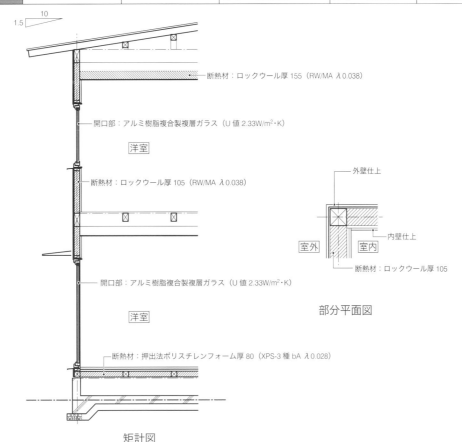

矩計図
強化外皮基準（U_A値 0.56）／ロックウール断熱材の仕様例

部分平面図

2章 ZEH の住まいのつくり方

U_A 値 0.56（計算値） | 4・5・6・7 地域の例 - 2

U_A 値	開口部				
	窓		ドア		
0.56	2.33W/m²・K　樹脂サッシ Low-E 複層ガラス（A10）　日射取得型		2.33W/m²・K		
断熱材種類	屋根・天井	外壁	床	基礎（外気）	基礎（内側）
フェノールフォーム（PF）	［垂木間］ フェノールフォーム断熱材1種2号（PF1.2C II） λ＝0.020 厚さ＝80mm	［充填＋外張］ 外張： フェノールフォーム断熱材1種2号（PF1.2C II） λ＝0.020 厚さ＝20mm 充填：高性能グラスウール 16K、14K GWHG16-38、14-38 λ＝0.038 厚さ＝105mm	［大引間］ フェノールフォーム断熱材1種3号（PF1.3C II） λ＝0.020 厚さ＝60mm	［立ち上がり部］ 内張：フェノールフォーム断熱材1種2号（PF1.2C II） λ＝0.020 厚さ＝40mm	［立ち上がり部］ 内張：フェノールフォーム断熱材1種2号（PF1.2C II） λ＝0.020 厚さ＝25mm

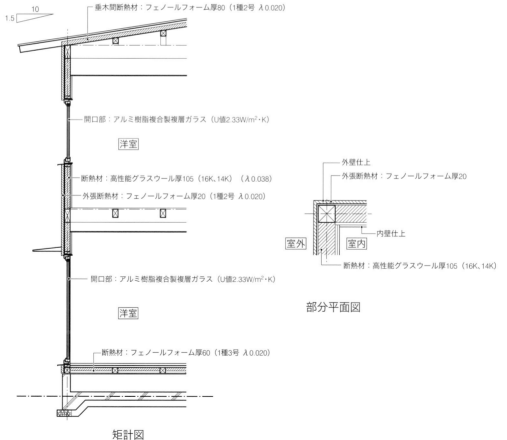

矩計図
強化外皮基準（U_A 値 0.56）／フェノールフォーム断熱材の仕様例

2-5 資料編　地域別 ZEH 基準の適合仕様例

U_A 値 0.56(計算値) ｜ 4・5・6・7 地域の例 - 3

断熱材種類		屋根・天井	外壁	床	基礎（外気）	基礎（内側）
グラスウール（GW）		[天井] 吹込み用グラスウール 18K LFGW1852 λ＝0.052 厚さ＝210mm または 高性能グラスウール 16K、14K GWHG16-38、14-38 λ＝0.038 厚さ＝155mm	[充填] 高性能グラスウール 16K、14K GWHG16-38、14-38 λ＝0.038 厚さ＝105mm	[根太間＋大引間] 根太間：グラスウール 32K、高性能グラスウール 24K GW32-36、GWHG24-36 λ＝0.036 厚さ＝42mm ＋ 大引間：グラスウール 32K、高性能グラスウール 24K GW32-36、GWHG24-36 λ＝0.036 厚さ＝80mm	[立ち上がり部] 押出法ポリスチレンフォーム断熱材 3 種 bA（XPS3bA） λ＝0.028 厚さ＝100mm	[立ち上がり部] 押出法ポリスチレンフォーム断熱材 3 種 bA（XPS3bA） λ＝0.028 厚さ＝35mm
押出法ポリスチレンフォーム（XPS）		[桁上] 押出法ポリスチレンフォーム断熱材 3 種 bA（XPS3bA） λ＝0.028 厚さ＝100mm	[外張] 押出法ポリスチレンフォーム断熱材 3 種 bD（XPS3bD） λ＝0.022 厚さ＝50mm	[大引間] 押出法ポリスチレンフォーム断熱材 3 種 bA（XPS3bA） λ＝0.028 厚さ＝90mm	[立ち上がり部] 内張：押出法ポリスチレンフォーム断熱材 3 種 bA（XPS3bA） λ＝0.028 厚さ＝50mm [水平部] 押出法ポリスチレンフォーム断熱材 3 種 bA（XPS3bA） λ＝0.028 厚さ＝50mm	
硬質ウレタンフォーム（PUF）	ボード	[屋根外張] 硬質ウレタンフォーム断熱材 2 種 2 号 A（PUF2.2A） λ＝0.024 厚さ＝60mm	[外張] 硬質ウレタンフォーム断熱材 2 種 2 号 A（PUF2.2A） λ＝0.024 厚さ＝55mm			[立ち上がり部] 硬質ウレタンフォーム断熱材 2 種 2 号 A（PUF2.2A） λ＝0.024 厚さ＝50mm [水平補強断熱] 硬質ウレタンフォーム断熱材 2 種 2 号 A（PUF2.2A） λ＝0.024 厚さ＝50mm 範囲 450mm
	吹付け	[垂木間充填] 吹付け硬質ウレタンフォーム A 種 3（NF3） λ＝0.040 厚さ＝140mm	[充填＋外張] 外張：硬質ウレタンフォーム断熱材 2 種 2 号 A(PUF2.2A) λ＝0.024 厚さ＝30mm 充填：吹付け硬質ウレタンフォーム A 種 3（NF3） λ＝0.040 厚さ＝105mm	[大引間] 硬質ウレタンフォーム断熱材 2 種 2 号 A（PUF2.2A） λ＝0.024 厚さ＝90mm		[立ち上がり部] 硬質ウレタンフォーム断熱材 2 種 2 号 A（PUF2.2A） λ＝0.024 厚さ＝30mm [水平補強断熱] 硬質ウレタンフォーム断熱材 2 種 2 号 A（PUF2.2A） λ＝0.024 厚さ＝30mm 範囲 450mm
ビーズ法ポリスチレンフォーム（EPS）		[桁上] ビーズ法ポリスチレンフォーム EPS1 号（EPS1） λ＝0.034 厚さ＝85mm	[充填＋外張] 外張：フェノールフォーム断熱材 1 種 2 号（PF1.2CⅡ） λ＝0.020 厚さ＝20mm 充填：高性能グラスウール 16K、14K GWHG16-38、14-38 λ＝0.038 厚さ＝105mm	[大引間] フェノールフォーム断熱材 1 種 3 号（PF1.3CⅡ） λ＝0.020 厚さ＝60mm	[立ち上がり部] 水平補強範囲 900mm 外張：ビーズ法ポリスチレンフォーム防蟻 EPS1 号（EPS1） λ＝0.034 厚さ＝30mm [水平部] 底盤下：ビーズ法ポリスチレンフォーム防蟻 EPS1 号（EPS1） λ＝0.034 厚さ＝15mm	[立ち上がり部] 水平補強範囲 900mm 外張：ビーズ法ポリスチレンフォーム防蟻 EPS1 号（EPS1） λ＝0.034 厚さ＝75mm
インシュレーションファイバー		ファイバーマット IM λ＝0.040 厚さ＝90mm＋90mm	[充填] ファイバーマット IM λ＝0.040 厚さ＝105mm	[根太間＋大引間] 根太間：ファイバーマット IM λ＝0.040 厚さ＝45mm ＋ 大引間：ファイバーマット IM λ＝0.040 厚さ＝90mm	[立ち上がり部] 押出法ポリスチレンフォーム断熱材 3 種 bA（XPS3bA） λ＝0.028 厚さ＝100mm	[立ち上がり部] 押出法ポリスチレンフォーム断熱材 3 種 bA（XPS3bA） λ＝0.028 厚さ＝35mm

7 地域 | 強化外皮基準（宮崎）　　日射区分：A4（$\eta_{AH}3.7$、$\eta_{AC}1.8$）

●設備仕様例と一次エネルギー消費量の計算結果と削減率

仕様 No.		1 一般設備	2 一般設備	3 一般設備	4 一般設備	5 一般設備	6 高効率設備	7 高効率設備
設備仕様	暖房	ルームエアコンディショナー（い）主たる居室、（は）その他居室	←	←	床暖房（電気ヒートポンプ）	ルームエアコンディショナー（い）全居室	←	←
	冷房	ルームエアコンディショナー（い）主たる居室、（は）その他居室	←	←	←	ルームエアコンディショナー（い）全居室	←	←
	換気	壁付け式　第三種換気設備（比消費電力 0.3）	←	←	←	壁付け式　第三種換気設備（比消費電力 0.05）	←	←
	給湯	電気ヒートポンプ給湯機（効率3.4）	ガス潜熱回収型給湯器（モード熱効率 92.5%）	コージェネレーション（PEFC）	電気ヒートポンプ給湯機（効率3.4）	電気ヒートポンプ給湯機（効率3.6）	ガス潜熱回収型給湯器（モード熱効率 92.5%）	太陽熱利用給湯設備（4m²）ガス潜熱回収型給湯器（モード熱効率 92.5%）
	照明	すべて LED						
	太陽光発電（南20°）	3.08kW（220W×14枚）パワコン入力なし	3.52kW（220W×16枚）パワコン入力なし	30.8kW（220W×14枚）パワコン入力なし	3.08kW（220W×18枚）パワコン入力なし	2.47kW（247W×10枚）パワコン96%	2.96kW（247W×12枚）パワコン96%	2.64kW（220W×12枚）パワコン入力なし　太陽熱 4m²(2m²×2枚)
基準一次エネルギー消費量 [GJ/年]		51.6	51.6	51.6	51.6	51.6	51.6	51.6
設計一次エネルギー消費量 [GJ/年]		30.8	34.0	29.3	31.0	26.0	30.2	26.0
太陽光発電量 [GJ/年]		33.0	37.7	33.0	33.0	27.4	32.9	28.3
削減量合計 [GJ/年]		53.9	55.4	55.4	53.6	53.0	54.3	53.9
削減率 [%]	外皮・設備 20%以上	40%	34%	43%	40%	50%	41%	50%
	外皮・設備 & 太陽光	104%	107%	107%	104%	103%	105%	104%
ZEH基準 100%以上		ZEH基準クリア	ZEH基準クリア	ZEH基準クリア	ZEH基準クリア	ZEH基準クリア	ZEH基準クリア	ZEH基準クリア

column 3
ドイツの既存住宅の高断熱化

　ドイツでは国を挙げて既存住宅の高断熱化に取り組んでいる。その理由は **column2** で述べたエネルギーシフトの達成に向け、建築分野全体の省エネには改修が有効だからだ。下記のグラフは、ドイツは2001年を起点に、日本は1998年を起点に、その時点での既存住宅のストック数に、その後建設された新築数を積み上げたものである。ドイツには現在約4130万戸の既存住宅がある。当然だが既存の住宅ストックは、近年の新築数を積み上げた数より圧倒的に多い。この図から既存建築物の省エネ化が建築分野全体のエネルギー需要を大きく引き下げることにつながることがわかる。そして建築物を高断熱化する「熱の省エネ効果」が大きいことは前のコラムでも述べた。戸数の多い既存建物を高断熱化する方が、社会全体の省エネ効果は大きい。

　新築の省エネ化はもちろん必要であるが、建設分野全体での省エネ効果は、実はそれほど大きくない。なぜならば新築はいくら最新スペックで省エネをしても、エネルギー消費がゼロ以下でない限り、残念ながら社会全体としては総エネルギー消費量を増やすことになるからだ。その意味においてエネルギーシフトのなかでも既存住宅の高断熱化は重要項目とされており、かつ業界にとってみれば成長市場である。

　ドイツエネルギーエージェンシーの資料によると、既存住宅ストックの75％、約3000万戸が1978年の断熱政令以前に建設されたエネルギー効率の悪い建物だという。そして今後20年以内に、全住宅ストックの約半数の2000万戸が、設備的な理由で改修が必要となると予想されている。

　ドイツ政府はここをチャンスと捉え、現在年間50万戸程度行われている省エネ改修を、年間100万戸まで加速させ、既存住宅ストックも大幅な省エネ改修を進める計画だ。そして2050年までには建物における消費エネルギーを、一次エネルギー供給量換で80％削減（2008年比）することを目標としている。

　これは単に省エネだけの問題ではない。年間100万戸というのは2014年の日本の新築住宅着工

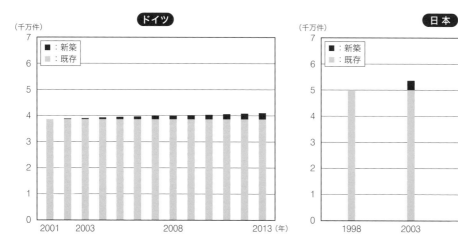

日本とドイツの住宅ストック

数に匹敵する数だ。そして既存住宅ストックで省エネ改修すべき住宅が3000万戸近くもあるということは、仮に毎年100万戸ずつ改修していったとしても、今後30年は継続的に需要が存在するということになる。またその間には技術開発も進み、現在改修している建物の改修時期がまた巡ってくることだろう。

　これは新築市場の成長を前提にできないドイツの建設業界にとっては、自分たちの産業を持続可能にする新たな市場だったのだ。つまり「省エネ改修」は、経済の面から見てこそ、その本質が見えてくる。建設投資額で見ると、2013年のドイツの建設投資は総額2609億ユーロ（約35兆円）、そのうち約70％、1819億ユーロ（24.6兆円）が改修であり、そのうち省エネを目的とした改修が528億ユーロ（約7.4兆円）もある。

　現在は年間50万戸程度が省エネ改修されているが、今後その数を年間100万戸程度まで加速させていく予定なので、その市場規模は益々成長する見込みだ。もはや数が少なく競争が激化していく新築の設計や施工だけを奪い合うのではなく、建築関連企業はその生き残りをかけて、省エネ改修という成長市場へと大きく舵をきっている。

　また言うまでもなく、既存住宅の改修や活用は、空き家率の増大を防ぐためにも重要である。私は既存ストックがダイナミックに蘇り、環境や省エネ、さらには経済の面においても重要な役割を果たしている点がドイツの現在の建築シーンの醍醐味の一つだと考えている。（金田）

3章

健康・快適な
ワンランク上の住まいをつくる

3-1 快適な環境を実現するプランニング

1 夏と冬の太陽の威力を正確に理解する

η_{AC}（冷房期の平均日射取得率）とη_{AH}（暖房機の平均日射取得率）には国の基準値が設定されている。しかし、その計算式が難解であるため、基準を満たすための数字以上に腹に落ちている設計者はほとんどいないというのが実態だ。そこで、まずは太陽の影響がいかに強烈なものかということを腹に落とすことからはじめよう。

（1）冬の場合

図3・1は、とある6帖の部屋の冬の昼12時の断面イメージである。

太陽の熱は輻射熱である。330W/m²くらいの熱量があるが、南面は断熱Low-Eガラスを推奨しているので日射取得率は60％程度である。この場合、室内に入ってくる熱は198W/m²となる。この同じ瞬間に内外温度差によって伝導熱は内から外へ出ていこうとする。この時に出ていく熱量は窓の断熱性能と内外温度差によって異なるが、今回の条件に置いては30W/m²出て行く計算となる。この二つを差引すると面積当たり168W/m²の熱が窓から入ってくることになるが、実面積は3.3m²あるのでそれをかけると554W取得していることになる。

「554W」という熱量がどれほどのものかイメージできるだろうか？ これは、だいたい大人6人の発熱量である。まだピンと来ていない人は、こたつがちょうど600Wだと知ったらどうだろうか。ほとんど「窓がこたつになっている」と言っても過言ではない状態なのである。

とはいえ、これでも太陽の威力を半分しか理解していることにならない。なぜなら、これだけでは足す方の熱量の理解はできたことになるが、自分が設計している部屋がどれだけの熱量を失っているかという引く方の熱量の理解ができていないからだ。温度を一定に保つということは足す方の熱量と引く方の熱量が同じになるということである。ここで、実際にどの程度の熱量が出ていくのかを同じ6帖間において計算してみよう。

今回は2階の南西の角部屋を想定している。床

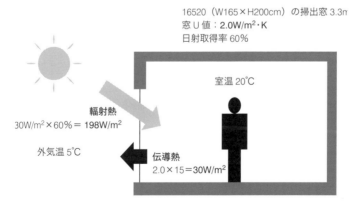

図3・1 ある冬の正午における窓の熱収支

面積、窓面積、窓の断熱性能は先程の条件とまったく同じで、その他の諸条件は図3・2のとおりとする。本来、高断熱住宅を建てたあかつきには家全体を暖房してほしいものだが、あえて大半の日本人が行っている「1室だけを暖房する」という条件で計算してみよう。さらに隣室の温度は高断熱住宅における実質的な最低室温とされる10℃、外気温は東京・大阪等都心の年間で最低気温である0℃を仮定した。

図3・3の計算結果からわかることは、この条件においては外部に対する熱損失の約2倍が隣室に逃げているということである。ほとんどの実務者が熱は外に逃げるものだと思っている。しかしながら、実際に計算してみるとよくわかるが、1部屋だけを暖房する場合、高断熱住宅になればなるほど隣室（非暖房室）への熱損失の方がはるかに大きくなる。最もよくある隣室との間の壁は「石膏ボード＋空気層＋石膏ボード」という断面構成となっている。この断面構成の熱貫流率はおおよそ1.9W/m²・Kであり、これは樹脂サッシのペアガラス仕様とほぼ同等でしかない。

この瞬間における総熱損失は827.6Wである。ここで暖房するということは人がいるということなので、1人あたりの発熱量を100Wとすると、失われている熱量が827.6－100＝727.6Wだとわかる。

先程は昼間晴れていれば554W取得があるということを学んだ。つまり、総熱損失が554W＋100W＝664W以下であれば、暖房しなくても日射取得だけで室温を20℃に保つことができることが読み取れる。おおよそこの条件は外気温が4℃以上であれば満たすことができる。都心であれば日中の外気温はほとんどの時間帯で4℃を超えている。要するに、各部屋にしっかりと大きな南窓があれば、昼間は暖房をつけなくても快適な室温が実現できるのである。

（2）夏の場合

夏は冬とは真逆になる。欲しくてたまらなかった日射が邪魔で仕方がなくなる。実際、冬と同様の計算をすると、庇等がない場合は647Wも入ってくるが、庇が完璧に効いている場合はなんと

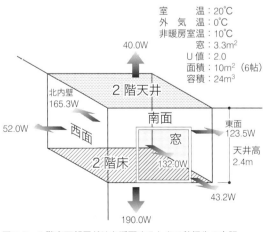

図3・2　2階南西部屋だけを暖房するときの熱損失の内訳

図3・3　各部位からの熱損失の計算結果

53Wまで抑えることができる（図3・4）。要するに、日射遮蔽がきちんとできていない住宅は、元から暑くてたまらないのに、さらに「窓がこたつになっている」という最悪の状況になってしまうのだ。

また、一般的に大きな効果が期待されている通風だが、実は冷房負荷削減効果は驚くほど小さい。高断熱、高気密かつ夏の日射遮蔽がきちんとなされた住宅においては、冷房は連続運転よりもこまめに電源をつけたり切ったりするほうが冷房費が高くつく。

私が常々考えているのは、まずは太陽に素直な（冬の日射は採り入れ、夏の日射は遮る）設計を行う。そして例え通風のためであっても、太陽に逆らうような設計はしないということだ。この原則を破らない範囲でなら通風設計はいくらやってもよい。

大半の住宅で行われているのは「10円（通風）拾うために1万円（日射のエネルギー）捨てる設計」である。これからの設計者にはきちんとした知識をもって、できれば1万10円拾う設計をしてほしいと切に願っている。

ここで、η_{AC}値やη_{AH}値のような直感的に使えない設計基準ではなく、誰もがわかりやすい窓の設計基準をまとめておく。

（3）南窓

南窓は耐力壁が許す限り極力大きくとり、窓の高さ10に対して出幅3の庇をつける。もしくは外付日射遮蔽措置を必ずセットにする。この10対3という比率が年間の冷暖房費を最も安くする比率である。これよりも長くなれば夏向きであり、これよりも短くなれば冬向きということになる。

また、建物自体が東西に20度以上振っている場合は、南面でも庇による日射遮蔽は実質的に非常に難しい。そのような場合は南と言えど外付けの日射遮蔽措置が必要だ。

（4）南以外の窓

東西北面の窓はできるかぎり小さくする。しかしながら、施主に通風を無視していると受け取られるリスクまで取る必要はなく、各部屋で2方向通風は確保すべきだろう。その場合、南面以外の

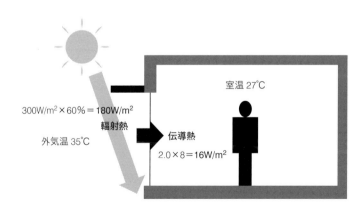

庇等なし：熱収支＝（180＋16）W/m²×3.3m²＝647W 取得
庇等あり：熱収支＝16W/m²×3.3m²＝53W 取得

図3・4　ある夏の正午における窓の熱収支

各部屋の窓では 0.5m² 以内のものを 1 か所設置することを目安にする。実際、筆者は W400×H1170 の縦すべり窓を 1 か所設置することを標準にしている。窓自体は小さいが開口率が 100％なので通風を損なっていると言われることもない。

もちろん、東西北面に大きな窓をつけざるを得ない場合もある。そういう場合は外付けの日射遮蔽措置を必ずセットにし、かつガラスを断熱 Low-E にすると冬も最適化することができる。

また、天窓は夏の日射遮蔽が困難なので最終手段と考えるべきだ。どうしても必要な場合は北面の中央部に 1 か所と考える。

(5) 窓の性能

南面は断熱 Low-E、東西北面は遮熱 Low-E を基本とする。北面を遮熱 Low-E とするのは夏の 15 時以降 19 時くらいまで西日が当たり続けるからである。

また、気密性を高めるためにはできるだけ「開き系」の窓を使うべきだ。南面の大窓以外で「引き戸系」の窓を使う必要性はない。

最も使うべきでないのはガラスルーバー窓、もう一つ盲点になりやすいが通風勝手口ドアである。人気商品であるが、気密測定をすると極めて気密性が弱いことがわかる。

2 等時間日影図を使った設計手法

図 3・5 のような敷地条件においては、どこが 1 番陽当りのよい場所だろうか？ すぐに答えられない方が多いのではないだろうか。筆者は数百名以上の設計実務者にセミナーをしてきたが、実はこの一見単純に見える質問に正しく答えられる設計者は 1 割もいなかった。等時間日影図の読み方がわからないという人も 3 割くらいいたと思う。かといって知らなくていいということではない。プロの建築士なら正しく理解しておくべき知識なので、ここでしっかりと身につけていただきたい。

(1) まずは北以外の隣家の等時間日影図を書く

隣家が当該敷地に及ぼす冬の影は極めて大きな熱損失である。また、「窓はこたつである」とも言ったように、日射熱は「無料で得られるエネルギー」なのだから、たくさん取るに越したことはない。しかし、これを実現するためには隣家の影の

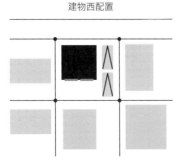
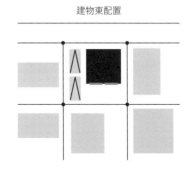

図 3・5　建物配置の比較検討例
どちらの方が陽当りが良いでしょう？

影響が最も少なくなる位置への配置、最も陽当りがよいところに滞在時間が長い部屋を配置し、大きな窓を配置する必要がある。こうした設計を実現するための道具が「等時間日影図」である。

通常「日影図」と聞くと図3・6のようなものを思い浮かべる方が大半だと思う。

しかし、このような日影図ではその時間ごとの影の位置しかわからないため、トータルの日射取得習得量を判断することができない。そこで等時間日影図の登場となる。

等時間日影図であれば、その場所が1日のうち何時間ほど影になるかがひと目で確認できるため、日照時間の合計値を理解することができる。

等時間日影図を用いて冒頭の問題を考えてみよう。図3・7のように等時間日影図に建物を配置してみれば、「東側に配置した方が陽当りはよくなる」ということがすぐにわかる。

冒頭の問題に答えられなかった人の多くが、単純に等時間日影図を描いたことがない、あったとしても数回程度で感覚が身についていないという人だった。このように、描いてみるとすぐにわかるので、ぜひ実践してほしい。

また、答えはしたが間違えた人も多くいた。これは南側隣家が西に寄っていることよりも、東側

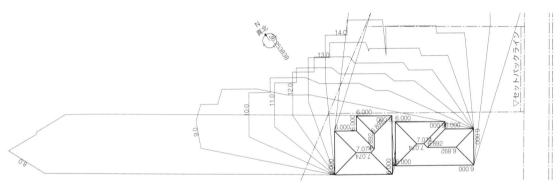

図3・6　一般的な日影図

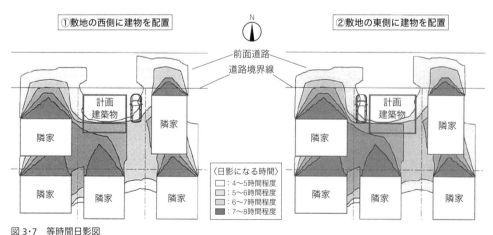

図3・7　等時間日影図
等時間日影図と配置図は重ねて検討する。

の隣家が南北に細長いことの方を過大評価する人が多かったためだ。当たり前のことだが、南側の空きが最も重要である。

隣家の描き方としては、まずは歩測およびサイディングの目地、窓の位置関係で長さを調べる。次に、1階と2階の外観形状および屋根形状、これらがだいたいわかればよい。現地でわかりにくい場合はグーグル・アースで上からの写真で見るという方法もある。慣ればこのくらいの図面をつくるのは20分もかからずにできるようになる。また、施主へのプレゼン時には、このような思考過程の資料も同時に見せると非常に効果的である。他社はそこまでやっていないことが多いことに加え、プラン変更の回数を激減させることができるからだ。なお、等時間日影図はJW_CADであれば無料で作成できる。

(2) 等時間日影図から建物、車庫、庭の配置を考える

等時間日影図が描けたら次は下記の6項目を満たす各室の配置を検討する。
・敷地の最も陽当りがよいところに建物全体を配置する
・できるだけ南面の幅を広く取り、南側隣家との離隔距離は大きく取る
・リビングは最も陽当りがよい場所に配置する
・リビングに面した（できれば南側）庭を確保する
・リビングから見たとき視界の邪魔にならず、玄関へのアクセスがよい位置に車庫を配置する
・できるだけ表面の凹凸が少ない形状にする（南側の凹凸は建物自身で影をつくってしま

う。また、北側の凹凸は元から寒い北側内部をさらに冷やすことになり、室内の南北温度差が大きくなる）

これらすべてを完璧に満たすことは難しい。しかし、建物内の間取りの検討より前の段階で上記5項目をバランスよく満たす配置関係を考えておくことは非常に重要である。

ところが大半の設計者は「最初から方眼紙を使うプランニング中毒」になっている。この順序で考えている限りパッシブデザインを最適化することはまず不可能だ。私は設計セミナーの際には必ず「方眼紙は使わないで下さい」「全体配置が煮詰まるまでは中の間取りには入らないで下さい」とお願いするようにしている。それでも半数くらいの方がいつもどおりに方眼紙を使ってしまうので、そこでストップせざるを得ない状況になるのだ。

この状況で効果を発揮するのが次の手順である。どうしても方眼紙を使いたくなってしまう方は試してみてほしい。

最初に2台の車の配置を9パターン考える。なぜ9かというと可能な2台の配置パターンは敷地にもよるが、図3・8くらいが限界となることが多いからだ。斜め配置を入れるとどうにでもなるのでそれは禁止とする。さらに前後に少しずらすだけの配置は類似とみなし1パターンとは認めないことにする。

9パターンできたら建物の外観形状と配置を、パッシブデザインとして最適にすべく道路に並行なパターン、南北に並行なパターン、斜辺に並行なパターン（斜辺がある場合）の最低でも3パターン以上つくる。

先ほど考えた9パターンと3パターンを組み合わせると27パターンになる。そのなかで庭の配

3章　健康・快適なワンランク上の住まいをつくる
3-1　快適な環境を実現するプランニング

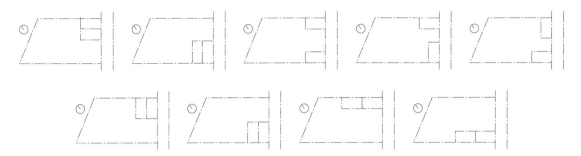

図3・8　車の配置パターン

置と玄関、車庫の動線が冒頭の5項目に対応するものを選べばよい。

敷地が広い場合は非常に簡単だが、隣家が密集している場合は難しく感じるだろう。ヒントがないと前に進めない方が非常に多い。しかし、それだけ普段は隣家と日射の影響を考えずに設計しているということなのだ。

ここまでできてはじめて内部の間取りに取りかかれる。もちろん間取りを考えていく上で最初に考えた理想的な全体配置との相性が悪く、そこから考え直しになることもある。ただ、そういうことは非常にまれで、たいてい理想的な全体配置のなかで上手に納めるプランを実現することができる。

すでに数百社がこのプランニング手法に取り組んでいる。よって、逆に取り組まれていない会社の契約率が低くなるということが現実に起こり始めていると考えても言い過ぎではないと思っている。

(3) 南面は自分の建物が影にならないように

前項でも少し説明したが、内部の間取りから考え始めると外形が必要以上にボコボコになってしまうことが多くなる。これは熱的にも表面積が増えて不利になるだけでなく、構造的にも弱くなる傾向にある。屋根形状が複雑になる雨仕舞まで悪くなる。良いことなど一つもないと言ってもいいだろう。そして、さらにもう一つ国の基準やウェブプログラムでは決して測れないけれど、実際には大きな差がつく項目、自分の建物が及ぼす影の影響がある。

図3・9の二つの建物はU_A値、C値、南窓の面積もまったく同じだ。しかし、実際に暖房負荷計算をやると片方はもう片方より7%も暖房負荷が小さくなる。なぜか。これはわかる人が多いと思うが、答えは右の建物の方が暖房負荷は小さくなる。左側の建物は南側凸部が午前中北西部の南窓に影をかけてしまうからだ。建物自体が及ぼす影の影響についてはあまり言及されないが、これを知っているだけでもプランのつくり方は大きく変わる。

では右側の住宅に欠点はないのだろうか？　それを検討するために二つの住宅をそれぞれ三つのエリアに分けて考えてみる。

どちらの住宅の方が温度ムラが少ないのか、すぐ答えられない人も多いのではないだろうか。どう考えたらいいのかわからないという人は、左と右、それぞれの建物で温度差が1番大きいのはどこか考えてみよう。外気に面している壁の数、窓

の配置に着目すればわかるはずだ。答えは、左は2と3、右は4と6である。

外壁に凹凸が多いとどうしても外壁からの距離が近い部分が多くなる。ビル設計では外壁に近いエリアを外気の影響を受けやすく居住環境がよくないゾーンという意味で「ペリメーターゾーン」と言うが、そういうエリアが増えてしまう。4は北側かつ3面も外気に面しているのに南窓がない。だから非常に寒くなる。逆に6は南側かつ2面しか外気に面しておらず、南側に窓があるから極めて暖かい。だから4と6の温度差が最も大きくなるという理屈である。

これも知っているといないでは出来上がってくるプランが大きく異なる。平面形状だけではなく、1階と2階の乗り具合も同様だ。総2階に近い方が、特に屋根の影響が少なくなるので冬の寒さはもちろんだが、夏の暑さ感覚のほうが顕著に違いを感じられる。

また、バルコニーに関してさまざまな工務店の図面を見て気づくのが、2階南バルコニーの両サイドにある袖壁と、そこにかかる2P（1P＝910mm）といった極めて奥行きの深い屋根だ。こういった設計ではせっかくの南窓もかなり日射が少なくなってしまい、効果が弱くなってしまうことに注意が必要である。

（4）北面の凹凸は室内の南北温度差をより大きくする

外皮の断熱性能が上がり、夏の日射遮蔽が上がるほどペリメーターゾーンの悪影響は感じにくくなる。しかし、建物の形状からしてペリメーターゾーンが多くなっているものが多いということに、ほとんどの住宅設計者は気づいていない。例えば図3・10の（a）（b）の平面図を比べてみる。

仮に一つの正方形を3mとするとどちらも面積は108m²となる。ここで、薄い色で示したところが外周部から3mのペリメーターゾーンとなる。逆に中央部の濃い色で示したところは外部の影響を受けにくいインテリアゾーンになる。こうやって見た場合、(a)には中央部に18m²のインテリアゾーンがある。しかし、(b)は一応濃く塗りはしたが、実際には線であり、インテリアゾーンは存在しない。Q値で見た場合も、(b)は数字でも居住環境が悪化するということがすぐにわかる。しかし、U_A値で見ると何ら違いが見えてこないので要注意だ。

また、(b)には凸角が2か所ある。西への出っ張り箇所と、北への出っ張り箇所だ。両方共3方

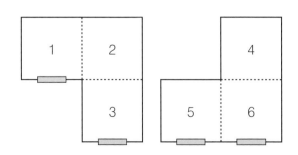

図3・9　南凹凸と北凹凸の比較
室内温度差が大きいのはどちらか？

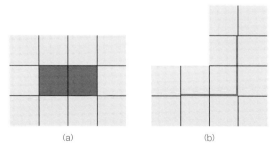

図3・10　ペリメーターゾーンの面積比較

を外皮に囲われているので非常に条件が悪い。なかでも北側は自分の建物の影になり、かつ外気温もより低い側になる。(b) の形状は南面にこそ影はつくらないが、南東の角が比較的暖かい部屋になるだけに北側の出っ張り箇所との温度差はそれなりに大きなものとなる。

ここで例を見てみたい。

図 3・11 を見ると、どれも同じ延床面積の建物であるが、それぞれの表面積は大きく異なることがわかる。(c) の建物は (a) の建物の約 1.5 倍の表面積である。これは単純に考えても熱損失が 1.5 倍もある。さらに断熱材と外壁材の費用も 1.5 倍かかる。この形状の坪単価が高くなることはプロなら誰でも知っているが、冷暖房費まで高くなることを理解してこの形状を実行している実務者はほとんどいない。仮に冷暖房費を同程度にしようとすると、U_A 値を 1.5 倍にしてようやくイーブンであることを肝に銘じておかなければならない。それどころか正確に言うと自分の建物が影になる時間が長いことから 1.5 倍にしてもイーブンにすらならないのである。

では (a) のような形状が最も熱的に素晴らしいのだろうか？ 確かに熱損失だけを考えればそのとおりである。しかし、実際の暖かさは熱損失と、太陽からの日射取得のバランスで決まる。(a) のような形状だと南面に取れる窓面積比率がそれほど大きくは取りにくい。

そう考えると図 3・12 のような三つの住宅がある場合、(c) の「若干東西に細長く、耐力壁が許す限り南窓が多い」という住宅がもっとも熱収支のバランスがよいということが言える。

もちろん断熱性能、気密性能を上げるほど、こ

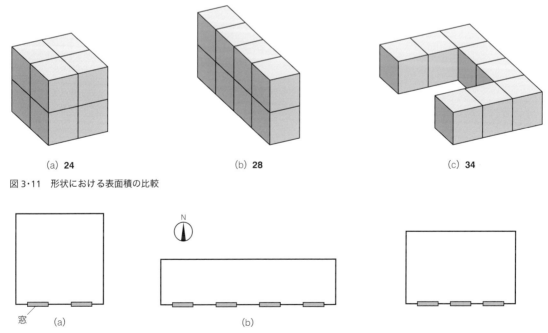

(a) **24**　　(b) **28**　　(c) **34**

図 3・11　形状における表面積の比較

図 3・12　ベストバランスの形状
三つのうちベストバランスの形状はどれか？

ういった形状の差も現れにくくなる。また、上手な空調計画にて温度差を解消するという方法もある。しかしながら、可能であるなら最初のプランニングの時点で「素性のよい」形状設計をしておくことが最も素直な考え方であり、安上がりでもあり、効果も大きく、失敗もほとんどない方法になる。

3 無駄をつくらない小さく納まる設計手法

そもそも総熱損失＝Q値×延床面積で決まる。よって延床面積が大きい建物の方がエネルギーを食うことは言うまでもない。しかし、たくさんのプランを見てきたなかで言うと、もっといらないところを削れるのに「無駄に」大きくなってしまっているというプランが多い。もちろん「広々としたい」ということで故意に大きくしているのと「無駄に大きくなってしまった」プランは明確に見分けた上での話である。よく「高断熱化すると予算が上がるからできない」という言い訳をする実務者がいる。そういう実務者に限って「無駄に大きくしてしまっている」例が多いような気がする。この無駄に大きくしてしまっている箇所を小さくすることができればその分のコストを断熱化に回すことができる。これは高断熱化を進めていく上で最初にやらなければならないことであると考えている。

その際、無駄をなくすためのコツがいくつかある。もちろん場合によって採用できないことの方が多いかと思うが、これらの手法は知っておくに越したことはない。

（1）必要最低限の設計を心がける

無駄をつくらないためには必要最低限の設計を心がけるべきだ。

そのためには、まず廊下を少なくする、できるだけ部屋の機能を兼ねられないか等、省スペース化を考える。

屋根断熱の場合は、小屋裏収納を利用することで1、2階の余計な収納を減らすことができるし、小さな家の場合も、階段下等が有効活用できるだろう。

場合によっては1、2階ともシンプルな外観形状の大枠を決めてから内部プランを割っていく手法も検討が必要だ。

また、構造上無理のないプランニングにすれば結果として材積が少なくなりコストダウンにもつながる。浮いたコストを断熱化に回すことも可能になる。

（2）配置を工夫する

居室以外の配置を工夫することで省スペース化でき、結果的に断熱化にもつながる。

階段の上りきりの位置を2階中央部に配置する、玄関ホールがリビングに隣接できない場合は、外壁中央部付近に玄関を配置するといった工夫で、廊下の面積を大きく減らすことができる。

また、延床面積は変わらない場合でも、どこに移動しても差し支えのない納戸等の部屋で調整し、総2階に近づけるようにすることで、コストダウンと表面積の削減を両立することができる。

（3）寸法や構成を見直す

見落としがちだが、部分的に寸法や構成を見直

すことで全体の間取りを効率のよいものにできる。

　基本的に階段は3Pの直階段、クロークの奥行きは芯々で60〜70cm程度で十分である。また、2P幅のウォークインクロゼットをつくる際は両サイドに服をかけ、中央部を通路とすると機能的にもよい。また、局所的に0.5P単位よりも細かく詰めることも重要だ。

　なお、申請上は何も変わらないが、夜になったらシャッター、雨戸を閉めるという単純な行為は実質的に窓の断熱性能をかなり上げる。ハニカム構造ブラインドも同様である。このようなことも上手に設計に取り入れていくべきである。

（4）冷房計画、暖房計画のポイント

　最初から家全体、最低でも「居室」は夏涼しく、冬暖かくできるような冷房計画、暖房計画を導入すべきだ。大半の新築住宅ではこれができていない。その結果、結局は暑さ、寒さをしのぐためにインスタントな採暖器具、採涼器具が購入、使用されることとなり、快適性、冷暖房費、省エネのすべての観点で理想からは遠いものとなってしまうのだ。

　もちろん、建物の高断熱化だけで年中快適に過ごすのは難しい。やはり、家ごとに最適な設備が投入されるべきなのである。

　暖房、冷房、除湿において最も省エネなのはエアコンである。一つで暖房、冷房、除湿のすべてをまかなうことができるのでイニシャルコストが最も安い。よって基本的にはエアコンを上手に使うことが快適な住宅づくり住宅においてベースとなると断言できる。

　しかしながら、本来は冷暖房負荷計算を行い、家ごとに最適化すべきエアコンが、実際には電気ストーブや灯油ファンヒーターと同じく建物とは独立した「家電」として扱われてしまっている。その結果、ほぼ100%の住宅において、過剰なエアコン容量が設定されてしまっているのが現状だ。適切な冷暖房器具の提案ができるかどうかが優れた設計者か否かの評価の分かれめである。

（5）エアコン選びの前に知っておくべきこと

　一般的なエアコンは冷房よりも暖房の最大能力の方がかなり高い。しかし高断熱住宅においては逆で、冷房のほうが暖房よりも高い能力が必要になることが多い。つまり、1台のエアコンで冷暖房を兼ねようとすると、年にせいぜい3か月程度しか運転しない冷房、除湿のために、暖房から見た場合にはかなり容量過多な機種を選定しなければならないのだ。そのため、実はエアコンに関しては、冷房用と暖房用に分けた方が最適化できる。そして使い分けることによって、イニシャルコスト、ランニングコスト、省エネのすべての面において理想的な状況へと導くことができるのだ。

　エアコンの畳数表示は1964年に制定されてから1度も改訂されていない。当時の木造無断熱住宅がベースに畳数表示がなされており、Q値に例えるなら20程度というとんでもない容量設定がなされている。よって、高断熱化された新築住宅において「6畳間には6畳用」という選び方をすると、特に暖房に関しては必要能力に対して10倍も大きな機種を選んでしまうのである。

　確かに、大は小を兼ねる。大きい機種を選ぶことによって「効かない」というリスクは存在しない。しかしながら、過剰過ぎる機種を選択することはイニシャルコストの上昇、その後、10数年おきに交換する際も同じ大きさの機種が選択される

※1　住宅性能診断士　ホームズ君.com HP
☞ https://www.homeskun.com/

損失、さらには適正容量の機種で運転する場合に比べて、効率が大幅に落ちてしまうという結果につながる。車で例えるなら、せいぜい時速100km程度の運転しかしないのにスーパーカーに乗るようなもの、といえばわかりやすいかと思う。

この問題は特に2階において生じやすい。6畳以下の部屋が数部屋存在することが一般的だからである。ルームエアコンは6畳以下の製品がほぼ存在しない。であれば、2階に関しては1台のエアコンの冷気や暖気を多数の部屋に拡散させる技術がのぞまれるということだ。

（6）具体的なエアコンの選び方

まずは暖房能力から選定する。簡単なのは、はじめに敷地における1番寒い瞬間の外気温のとき、日射熱がないものとして最大負荷を計算する。それが収まる範囲のものとして暖房の最大能力を確認する方法だ。この方法であれば、簡単な手計算でもだいたい間違いのない設計が可能である。実際にはほとんどの時間帯が最大時より小さい負荷で済むので容量に十分な余裕が確保できる。さらに詳細に計算したいのであれば、実効COPのシミュレーションまで可能な「ホームズ君」※1等のソフトを使って詳細に検討することが最も正確である。なお、冷房に関して、正確な容量選定のためには現時点ではホームズ君のシミュレーションを利用するしか方法がない。

こうした検討方法は断熱仕様においても同様である。その高断熱化によって暖房費（もしくは冷房費）はいくら減るのか？　それによるコストアップ分はいくらで、何年で回収できるのか？　筆者の感覚だと10年なら即採用、20年でもできるだけ採用、30年あたりから迷いはじめる…という感じである。この感覚は人によって違うと思うが、暖房負荷計算をしない限りは、コストパフォーマンスから逆算するという最も合理的な決定方法にはたどり着けないのである。

（7）エアコン室内機の設置位置

冷房用はできるだけ高いところ、暖房用はできるだけ低いところに設置する。また、エアコンの風はエアコンを起点として半円状に温度が分布する傾向にあるため、温度分布を一様にするためには外壁中央部付近に設置するのがよい。ちなみに暖房用エアコンは床下エアコン、もしくは床置型が理想的だ。いずれにせよ、室内機との配管距離はできるだけ短くする。これができれば冷気、暖気の拡散や実効効率は最もよい状態にできる。

（8）エアコンの運転方法とコスト

高断熱化された住宅の場合、エアコンの運転方法も一般的なものと異なる。

まず冷房に関しては、オンオフを繰り返すより、24時間連続運転にするほうが費用は少なくなる。これはシミュレーション、実測の両面において確かめられている。実際、筆者が設計する住宅のうち40坪程度までであれば、大半の家庭で8月の冷房費が4000円を切ることが多い。

梅雨時期には冷房運転では寒くなるので除湿が必要となる。3年ほど前までは中上位以上の機種は全社「再熱除湿」方式が取られていた。これは室温を下げることなくしっかり除湿することができる反面、消費電力は冷房よりもかなり大きかった。まずは、このことを認識しておく必要がある。一方、近年になってパナソニックとダイキンは非再熱除湿方式の機種を展開している。その結果、

除湿運転時の消費電力は下がったが、除湿能力も大幅に落ちることとなってしまった。

高断熱化された住宅は年間を通して快適に過ごせるように、建物自体に極めて省エネ化が図られている。梅雨時期がそれほど長くはないことを考えると、健康、衛生の観点から、しっかりと除湿できる再熱除湿方式のエアコンを使うことを筆者は推奨する。

逆に暖房に関しては、連続運転しない方がよい。高断熱化された住宅で、南からの日射取得がきちんとできる場合は、日の出から日没までの時間帯は暖房しなくても20℃以上を保てることが多くなる。逆に、エアコンを24時間運転すると、昼間の時間帯に微弱運転が繰り返され、たいした暖房能力も出していない割にそれなりの電力を消費してしまう。結果として、効率が非常に悪くなってしまうのだ。晴れた日の昼間は暖房をオフにしておくことが暖房費、省エネの両面において重要となる。

また、暖房は空気の温度よりも床の温度が重要だ。21℃を超えているかどうかで体感上の暖かさが大きく変わるので、これを目安に暖房計画を行うのがよいだろう。

(9) エアコンによる乾燥とその対策

これまで全館暖房を前提に解説してきた。これに対してかなりの確率で言われるのが「乾燥する」ということだ。特に水を飲んだりすることがない睡眠時に感じることが多い。どの程度の水分量があれば睡眠時の乾燥感が感じられないのか？ これに対する明確な指標はあまり発表されていない。ただ、筆者の経験上、絶対湿度が $7g/kg$ を超えれば乾燥感は圧倒的に少なくなる。これは室温が20℃であれば湿度は50％である。通常、加湿していない住宅の相対湿度は室温20℃であれば湿度は30％に満たない程度にとどまる。これは絶対湿度でいうと $4.4g/kg$ である。通常の住宅で30％を50％まで上げるためには大体1日に $10ℓ$ の加湿が目安となる。しかし小さな加湿器でこれだけの加湿を毎日行うことは事実上不可能である。そこで筆者は1台に $4.5ℓ$ のタンクが二つ入っている大型の加湿器を1台LDKに設置するよう引渡時に推奨している。加湿もさまざまな方式があるが、最も加湿効率がよい気化式かつ過加湿の危険性がないものが好ましい。筆者がいつも勧めるのはパナソニックFE-KXF15である（図3・13）。

なお、一部のエアコンには加湿機能がついているものがある。しかし、加湿量が極めて小さいこと、加湿能力当たりの消費電力がかなり大きいので、おまけ程度の機能であると認識すべきである。

ここで、エアコン以外の冷暖房設備を検討する場合の考え方を説明しておきたい。エアコン以外の冷暖房設備は何を選ぶにしても、確実にトータルコストが高くつく。なぜなら冷房は実質的にエアコンしか選択肢がなく、結果として暖房設備の

図3・13　パナソニック FE-KXF15（出典：パナソニックHP）

二重投資になることが前提となってしまうからだ。また、現在のエアコンを上回る効率で運転できるものを筆者は知らない。仮にあったとして、それによって節約できる暖房費によって余計にかかるイニシャルコストが何年で回収できるのかが論点になる。それを機器が壊れる年数まで含めて検討することが最低限必要である。

（10）引き渡し後のフォロー

ハード（住宅＋設備）がきちんとできてしまえば、あとは引き渡すだけと思っている実務者が非常に多い。しかし、実際には冷房、暖房、除湿を何度設定でどういう時間帯にどのように運転すべきか、等といった設備の使い方を引渡し時に丁寧に伝えておく必要がある。また、お施主様にとって引渡し時はさまざまなことで混乱する時期である。丁寧に説明してもそれをきちんと実行できるかは確実ではない。よって最低でも最初の夏と冬に関しては、きちんと伝えたとおりの運転ができているかどうかを確認し、再指導することが必要である。

4　気密の注意点

国の基準からは気密に関する項目がなくなってしまって久しい。以前は寒冷地においてはC値$2cm^2/m^2$、温暖地においては$5cm^2/m^2$というとんでもなく緩い数字が目安となっていた。ところが、昨今は構造用合板と石膏ボードを使っている特別気密性を重視していないような建売住宅でも普通にC値が$3cm^2/m^2$以下になるのが普通になってきている。しかしながら、3種換気がきちんと機能するためにはC値は$1cm^2/m^2$を切らなければならない。また1種換気を使うにしてもその効果が出てくるのは同じく$1cm^2/m^2$以下だと言われている。C値が悪ければ、当然ながら冷暖房効率も非常に悪くなる。特に暖房に関してはその悪影響が顕著である。気密性が低いと暖かい空気はすべて上に逃げてしまう。その副作用として下から冷気が引き込まれるという悪循環が起きる。前項（(8)エアコンの運転方法とコスト）で足元の温度こそ重要と書いたが、まさにそれと逆の結果となる。結局は暖房温度をより上げなければならなくなり、温度を上げるほど冷気がさらに引き込まれる。このような愚かな事態を避けるためにも高気密化は避けて通れない。

高気密化にこれから取り組もうとする実務者が一番よくやるミスが床の気密である。なぜかほぼ100％に近い実務者が気密化といえば壁と天井に意識が集中してしまう。勝手な思い込みで「床は気密しなくてもよい」と思い込んでいるのである。しかし、気密に関してこのような勝手な免責事項等あるはずがない。

また、一番簡単な対応方法は床断熱ではなく、外周部を線状に気密できる基礎断熱である。床下結露を恐れる実務者が多いが、床のスリットを適宜設けている場合は1年目のみ基礎断熱の方が床断熱より結露リスクが高くなるだけで、それ以降は永続的に床断熱より基礎断熱の方が結露リスクは低くなる。これはさまざまな大学の研究結果から明らかになっている。

それでも床断熱に取り組むというのも一つの考え方である。しかし、床断熱で高気密化するということは非常に難易度が高い。

まず、貫通部が多くなるのでそれぞれへの対処

が必要になる。例えば柱の1本ごと、給水管、排水管、電気配線、床下点検口等が貫通している。ほぞ専用の気密部材もあるが、それぞれに使うのは非常に面倒である。

また、床断熱で高密化するには土台と合板の間にテープを貼る、床に気密シートを施工する、もしくは床下から現場発泡吹付けするといった方法が考えられるが、いずれにしても施工の手間がかかる。

床下エアコン方式は原理的に使うことができず、そもそもユニットバス直下は基礎断熱かつ空気が分離できるようにしておかなければならない。

以上のようなデメリットを理解し、解決した上で床断熱は採用されたい。

5 その他の具体的な設計上のポイント

（1）南間口が狭い南側道路の敷地の場合、玄関をあえて奥に設ける

南間口が7P以下しか取れないような場合、南側に2P幅の玄関を設けている事例が大半である。そうすると、有効な南側開口はせいぜい3Pしか

確保できなくなってしまう。発想を逆転し、あえて南側を6P幅にして玄関を奥に配置すると、しっかりとした広さのアプローチを確保することができ、4P幅の窓を確保することができる。この差は非常に大きい（図3・14）。

（2）南面にはできるだけ滞在時間が長い居室を配置する

高断熱住宅とはいえ、南の方が快適性が高いことに違いはない。さらに2階であるが、各居室を南以外に配置すると「太陽に素直な設計」を行いにくくなる。太陽に素直な設計は「南の窓は大きく、東西北面は小さく」であった。例えば北西の角部屋においてこれを実行しようとした場合、北面、西面の両窓とも小さくしなければならない。しかし実際には基準法の1/7の採光面積は必要なので最低でもいずれかの窓は大きくしなければならず、結果として基本法則を破らざるを得なくなってしまう。しかも大きくした窓には外付けの日射遮蔽措置という付属品まで必要になるので、イニシャルおよびランニングコストともに増える方向に働いてしまう(図3・15)。よって、できないことも多いが、可能であるなら居室は南に配置するに越したことはない。

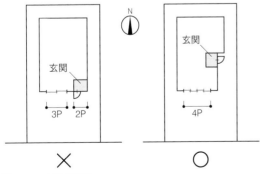

図3・14 玄関の配置
南北に長い敷地では玄関を奥に配置するのが望ましい。

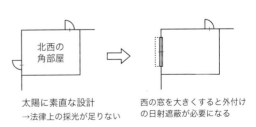

図3・15 「太陽に素直な設計」ができない場合
北側居室は「太陽に素直な設計」が難しい場合が多いので熱的には不利。

(3) 庇の幅は窓の幅よりも十分に大きい方が効果は大きい

軒等であればそうなっているが、窓幅ジャストの庇、もしくは窓の端と上部バルコニーの端が揃っているような場合は注意が必要である。もちろん冬は有効に働くが、夏の場合はせっかく直上に庇があっても横からの日射に弱くなってしまうからだ。ここまで考えられていることはめったに見かけない（図3・16）。

(4) 玄関ホールは風除室的な配置にすることが望ましい

高断熱住宅にすれば、玄関を入った瞬間に大空間でも急激に室温が変わりはしにくいものである。それでもより省エネ、室温の安定を狙うのであれば、玄関ホールだけは区切られたプランにしておくことが理想的だ。つまり、その他のエリアは吹き抜けで大きくつながっていても構わないが、玄関ホールの吹き抜けだけはご法度といえる（図3・17）。

(5) 屋根形状は片流れもしくは切妻を基本とし、棟換気金物は長さ全て必要と心得る

そもそもZEHにするためには太陽光発電が必要だ。仮に、将来的に載せることを考えたとしても、寄棟だと非常に載せにくく、かつ枚数も少ししか載せられない。

また太陽光発電のためだけでなく、屋根の耐久性の観点からも、切妻の方が優れていることが最近わかってきている。これまで棟換気金物は、切妻でも片流れでも中央部に1か所というのが一般的だった。しかし、その程度の長さでは理想的な換気量が確保できず、合板が腐りやすい、また熱気が抜けにくいことが明らかになっている。これをクリアする意味でも片流れもしくは切妻を基本とするのがよい（図3・18）。

(6) 南側離隔距離について

冬至の日の日射が入るようであれば、吹き抜けはなくてもよい。しかし、どんなに設計上の工夫をしても日射が入らない場合、吹き抜けを設けることが望ましい。吹き抜けをもってしても日が入らない場合、LDKを2階にもって上がるようにしたほうがいい場合もある。

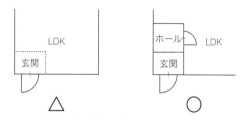

図3・17 玄関ホールの役割とプランニング
玄関ホールが風除室になると室温の変化が少なくなる。

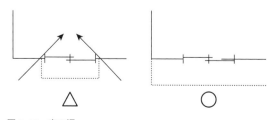

図3・16 庇の幅
庇の幅は窓の幅より大きい方が望ましい。

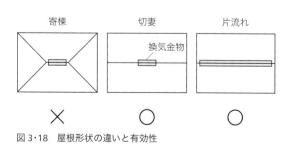

図3・18 屋根形状の違いと有効性

3-2 これからの住宅とエネルギー

1 30年で建て替えは当たり前ではない

　これからの住宅を考える上で欠かせないのが、「住宅は30年で建て替えるのが当たり前」という誤った考えを改めることだ。この超短期型住宅という概念は、人生70年時代と考えられていた直近40年くらいの間に生まれた極めて新しく刹那的な考え方であり、日本の伝統的な価値観にも当てはまらない。それ以前は今のように簡単に家を建てることはできなかったため、住宅は親子3代で住み継いでいくことが当たり前だった。そして寿命が大幅に伸びた人生100年時代のこれからも、長期優良住宅に代表される100年住宅（超長期耐久性）が以前のように当たり前に戻っていかなければならない。考えてみてほしい。高齢化と人口減少が進み、社会保障負担が急増していくこの日本で、今の30～40代の標準的な家庭が30～40年後にもう1度家を建てる経済力があるだろうか。

　人生100年時代における住宅の最低寿命は60～70年は必要である。地震大国である日本では、この60～70年というタームで考えると、地震大国である日本では、震度7前後の極めて大きな地震が起きる可能性についても現実的に起こりえることとして組み込む必要がある。また、建ててからの、営繕工事や将来のリフォーム、設備の更新等の維持管理のしやすさ、そしてそのメンテナンスコストや光熱費等のランニングコストとイニシャルコストとのトレードオフ関係等を見極めなければならない。つまり、新築時の建材や工法等の選定を、建築のプロフェッショナルである、私たち建築実務者が真剣に考えつくしておかなければならない。

2 忘れてはいけない耐震性能

　住宅を選ぶ側の気持ちになって各社のウェブサイトを改めて見てみた。その感想は「見れば見るほどわからなくなる」に尽きる。なぜそうなるのかを考えると答えは明確になった。各社「鉄骨だから強い」「ベタ基礎だから強い」「○○工法だから強い」のオンパレードで大手住宅メーカーも含めて貴族の歌会の如く言葉遊びに終始している。これは明らかに「わざとそうしている」と確信をもって言える。なぜなら公的な耐震性能の基準である耐震等級で比較されてしまうとたいして強くない実態が明らかになる会社が出てきてしまうからだ。省エネ性能でも同じことが言えるが、自動車のように性能に関する部分は同じ条件で計測された数字が書かれてあれば、購入者は性能部分は数字で判断し、デザインのように感性の部分は心ゆくまで自分の感覚に委ねればよい。あとは価格との折り合いで決めればよいだけなので必要以上に悩むことがない。住宅を購入するに当たっては、耐震性能、省エネ性能といった本来客観的な数字や等級で表さなければならないところまで感覚で判断しなければならないことが、適切な判断ができない最大の要因となっている。それを打ち破った正攻法で大成功を収めているのが㈱一条工務店であるが、大手メーカー、良識ある工務店から順に客観的な指標の公表をはじめていかなくてはならない。

　もう一つ実務者に知れ渡っていない重要な項目がある。それは2016年に発生した震度7の熊本地震では、建築基準法が定める新耐震基準適合住宅（耐震等級1）でも7棟が倒壊したという事実

である（表3・1）。さらに付け加えると、一般の方々は建築基準法にギリギリで適応するということが「命を守ることはできても経済的生命が絶たれるレベルにある」ことを知らされていない。

実際、阪神大震災でも、東日本大震災でも使えなくなった住宅のローンが残ったまま、新居のローンを組む方、新たな賃料を払わなければならなくなった方が続出した。もちろん、倒壊するということは解体、再建築が発生するので、そういう意味でも大量のエネルギーを消費する。

南海トラフ地震、首都圏直下型地震もいつかはわからないが必ず来ると言われている。しかし、大抵の方は地震保険に加入しない。仮に加入したとしても地震保険料は非常に高額である。地震保険に加入もせず、耐震等級が3に満たない住宅を購入するということは、任意保険に加入せず車を運転するのと同じくらいのリスクを取っているということを購入者、実務者ともに肝に銘じておかなければなるまい。

3　デザインを取るか、性能を取るかに終止符をうつために

例えばドイツだとこのような選択自体が存在しない。国が高いレベルの最低基準を設けているからだ。日本にはそれがないので、性能が低い住宅を言葉遊びでごまかして、もしくはそのごまかし言葉に営業マン自体も酔いしれて、たくさんの住宅が売られている。これは根源まで突き詰めると国が国民の幸せよりも住宅業界団体の声を優先したからに他ならない。とはいえ、それを嘆いていても何もはじまらない。住宅を購入しようとする方は自衛の意味も込めて、正しい知識を身につけた上で正しい選択をしなければ、健康、快適性、経済性の全てにおいて損をしてしまう。まさに結果は全て自己責任という非常に冷たい状況である。

住宅の購入で失敗しないために最低限守ったほうがいいことを3項目に絞ってみた。

・耐震等級3をクリアしている

表3・1　熊本地震における木造住宅の建築時期別の損傷比率

損傷ランク		V（破壊）倒壊	IV（大破）全壊	III（中破）大規模半壊	II（小破）半壊	I（軽微）一部損壊	無被害
損傷比率※1	旧耐震基準〜1981年6月	214棟(28.2%)	133棟(17.5%)	373棟(49.1%)			39棟(5.1%)
	新耐震基準 1981年6月〜2000年5月	76棟(8.7%)	85棟(9.7%)	537棟(61.2%)			179棟(20.4%)
	2000年6月〜	7棟(2.2%)※2	12棟(3.8%)	104棟(32.6%)			196棟(61.4%)
	うち耐震等級3	0棟(0%)	0棟(0%)	0棟(0%)	2棟(12.5%)		14棟(87.5%)
損傷イメージ※3	概念図						

※1　国の熊本地震における建築物被害の原因分析を行う委員会 報告書より
※2　7棟のうち3棟は接合部仕様が不十分であり、1棟は敷地の崩壊、基礎の傾斜等が確認された。
※3　参考資料：山辺豊彦『ヤマベの木構造』エクスナレッジ、2013

（出典：（一社）くまもと型住宅生産者連合会：耐震等級3のススメ）

- 断熱性能がその地域の ZEH 基準をクリアしている
- C 値は 1 以下である

これは好みとか、センスとか、エコかどうかとかは関係なく、とにかく建てた後で後悔したくなければ絶対に守るべき 3 項目である。

この三つを満たしているなかで住宅会社を選ぶのであれば、後は価格やデザイン、間取り、営業マンとの相性や会社の規模等を自分の感性で判断して大きな間違いはないと思う。

人間は選択肢が多すぎるとそもそもよく考えて選択する気力を失ってしまう。また不要なノイズ情報が多すぎて、気力があったとしても適切な判断から遠ざかってしまう。それを回避するにはこの 3 項目を入れるだけで解消する。大手住宅メーカーも含めて、この 3 項目を満たせる会社の比率は軽く 5％を下回るはずである。

この条件を外して、例えばデザイン優先で住宅を買うということは経済的余裕のない方がフルローンで 20 年落ちのフェラーリを購入することとたいして変わらない。むしろ 20 年落ちのフェラーリの方が転売が効きやすい上、値下がりも少ないのでかなりマシとさえ言える。

一般的な家庭では住宅は自動車の 3 倍のエネルギー（燃料費）を使っている。ほとんどの方は車の燃費は気にするのに、それぞれの住宅で車の如く（実際には車以上に）光熱費の差があるという事実自体を知らない。このような状況を放置してきた業界と国の責任は非常に重い。住宅は車の 10 倍の価格で、使用期間もはるかに長い。お金のかからないデザインには好きなだけ凝ればいいが、3 項目を満たせない段階でお金のかかるデザインに資金を投じるのはファイナンシャルプランをボロボロに壊しているということを住宅会社も一般の方も知っておく必要がある。

4　太陽光発電の今後

ここからはランニングコストの中心となるエネルギー、そしてこれからの住宅のキーデバイスの一つである太陽光発電（以下、PV）について少し掘り下げてみる。

現代の住宅におけるエネルギーのメインストリームと言えば、ガスでも灯油でもなく、電気である。ガスや灯油等の直接燃焼系エネルギーと電気の最大の違いは「用途の多様性」であり、テレビを映し出したり、スマートフォンからさまざまな情報を引き出したり、時にはガスにも負けない熱を放出したりと、私たちの生活の多くを支える最重要インフラと言ってもよいだろう。

東日本大震災後の電力不足が大きなターニングポイントになり、電気はさらに注目されるようになった。そして、原発に変わる新たな主力エネルギー源の候補として、再生可能エネルギーが脚光を浴びはじめた。2012 年に成立した再生可能エネルギー固定価格買取制度（以下、FIT）等の再生可能エネルギーを取り巻く制度も整備され、一般的な設備として普及が進んだ。

特に、オール電化住宅に至っては給湯・空調等のすべてのエネルギーが 100％電力でまかなわれている。PV やコジェネ給湯器による自家発電で住宅で使用するエネルギーがまかなうことができるようになったことのインパクトは絶大であった。

今や注文住宅の約半数は新築時に PV を搭載するまでになっている。そう遠くない未来には、新

築時にPVを搭載するのが当たり前の時代になるだろう。

工務店関係者のなかにはPVや省エネ関係の設備機器にアレルギー反応を示す人が一定程度存在するが、もはや避けては通れないレベルに到達しつつあるのではないだろうか。

5　卒FITと2019年問題

さて、これからの住宅へのPV搭載率の向上を考える上で、重要なテーマとして「2019年問題」という言葉を見聞きする機会が増えてきた。経済産業省資源エネルギー庁では、これに関するウェブサイトが設けられている（図3・19）。

FITによるPVの売電が始まったのは2012年だが、住宅用PVの売電自体は余剰買取制度によって2009年11月から始まっていた。つまり、2019年とは、2009年から始まった余剰買い取りが10年目を迎える、すなわち48円/kWhという過去最高額でのPVの固定価格買取期間が終了する年なのである（表3・2）。その数は約38万件、発電容量にして約140万kWにも上り、その後も毎年数十万kWのPVの固定買取期間が続々と終了する。

当然ながら、2009年の余剰買取制度下で設置された太陽光発電システムについて、期間終了後に、自家消費以上に生み出した電力は、どのような形で買い取られるのか、また、どのように活用できるのか、という課題が業界内で注目されてきた。そして、もし売電が継続できない場合には、昼間

図3・19　2019年問題に関するウェブサイト（出典：経済産業省資源エネルギー庁）

にできるだけ自家消費を行うことや、蓄電池で余剰電力を蓄え、発電できない夜間に電力を使用することでしか、PVの活用は難しいとされてきた。

しかし、2018年夏以降、8円/kWhで買い取りを明言する新電力が現れた。これは売電期間終了後でも、十分にメリットが出る買取価格である。2018年内には大手電力でも買取価格こそ提示しないが、買い取り自体は継続することを公表している。詳しくは後述するが、こうした動きによって、2009年に設置した太陽光発電システムの所有者らは、電力会社と新たに売電契約を結び直すことで、引き続き経済的なメリットを享受できるようになっている。

6 FITとは何を目指した制度だったのか？

そもそも「買取価格が安くなってきたからPVはそろそろうま味が薄い」と考えている方がいるとしたら、それは大きな間違いだ。

FITの正式名称「Feed-in Tariff」とは、エネルギーの買取価格（Tariff：タリフ）を法律で定める（Feed-in）方式の助成制度であり、その本来の目的は再生可能エネルギーのを買い取ることではなく、グリッドパリティにあるからだ。「グリッドパリティ（Grid parity）」とは、その字のとおり「グリッド＝送電網」が「パリティ＝同等」するという意味であり、再生可能エネルギーの発電コストが、火力等の既存の発電コストと同等であるか、それよりも安価になることを目標とした制度である。つまり、FIT買取価格が下がってきてうま味

表3・2 太陽光発電の電力買取価格の推移

年	太陽光		
	住宅用		産業用（10kW以上）
	出力抑制なし	出力抑制あり	
2009	48円	—	24円前後
2010	48円	—	24円前後
2011	42円	—	24円前後
2012	42円	—	40円
2013	38円	—	36円
2014	37円	—	32円
2015	33円	35円	29円
2016	31円	33円	24円
2017	28円	30円	21円
2018	26円	30円	18円
2019	24円	26円	未定

がないのではなく、PV の導入コストが年々低下し、グリッドパリティに近づいてきたことで買取価格が下がっているのである。

7　卒 FIT 後の売電価格

FIT 終了後、つまり 11 年目以降の価格を考える上では、NEDO（国立研究開発法人 新エネルギー・産業技術総合開発機構）による、日本におけるグリッドパリティの定義がポイントになる（表 3・3）。

家庭用電力価格並みとなる 23 円/kWh はすでに達成済みであり、今後の売電価格のさらなる下落を想定すると、家庭用においては屋根の上の PV から自家消費する方が、系統から購入する電気よりもかなり安いのだ。FIT による買取期間が終了した PV については、東京電力等の各地域の一般電力会社の法律に基づく買取義務も終了するので、その後に発電した電気の使い道は概ね以下の三つに分かれる。

① 電気自動車や蓄電池との組み合わせによる自家消費量の拡大
② 電力会社等小売電気事業者やアグリゲーターに対し、相対・自由契約で余剰電力を売電（図 3・20）
③ 売り先と契約せず、無料で一般送配電事業者に譲渡

また、経済産業省の委員会において、今後の PV の方向性については以下のとおり示されている（図 3・21）。

第 1 形態：2019 年以降、家庭の卒 FIT 案件への蓄電池の追加導入
第 2 形態：家庭の新規 PV ＋蓄電池の同時導入（低圧ストレージパリティ）＝ソーラ

表 3・3　グリッドパリティの定義

段階	電力の種類	目標年
第 1 段階	家庭用電力（従量電灯）価格並み（23 円/kWh）	2013 年達成済み
第 2 段階	業務用電力（高圧以上）価格並み（14 円/kWh）	2020 年
第 3 段階	汎用電源（基幹電源）価格並み（7 円/kWh）	2030 年

（出典：NEDO（国立研究開発法人 新エネルギー・産業技術総合開発機構）2014 年 9 月）

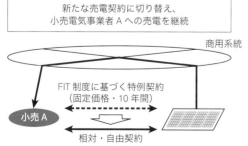
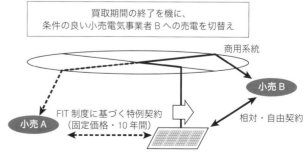

図 3・20　売電期間終了後の電気の使い道（出典：経済産業省）

―シンギュラリティ(PV＋蓄電池が経済的に優位性をもつ特異点)

低圧ストレージパリティとは、新規PV＋蓄電池をセットで購入したほうが普通に電力会社から電気を買い続けるよりも経済的な状態を指す。つまり、誰もがPV＋蓄電池を買わないと損をする状態ともいえる。大きな転換点という意味で、ソーラーシンギュラリティとも呼ぶ。つまり、2019年度以降は基本的に蓄電池を導入させることで①を主力とし、補助的に②を構築する方向で進められていることが見受けられる。それと同時に、電力の安定供給の観点から、系統への逆潮流を認める代わりに未契約逆潮流は無料とする③案が承認されている。

ここまで複雑な説明となってしまったが、まとめると以下のようになる。

1. 基本的には蓄電池導入によって日没後にも自家消費をしてもらう
2. 蓄電池等を導入しない場合（導入しても発電量が余る場合）は電力小売事業者と直接交渉し、個別に契約して売らなければならない
3. 引受先との契約がない電気は一般送電会社に無料で引き取ってもらうことになる
4. 基本には蓄電池を導入し、予備的に電力小売業者と個別に契約するのが好ましい

売り先の選定などは、発電した電力を余すことなく使い切ることさえできれば問題ないわけだが、必ずしも毎日、すべての電力を自家消費できるとは限らない。売電先を決めておかなければ、無料で系統に流すことになる可能性もある。利益を逃がさないためには、売り先は見つけておきたいところである。

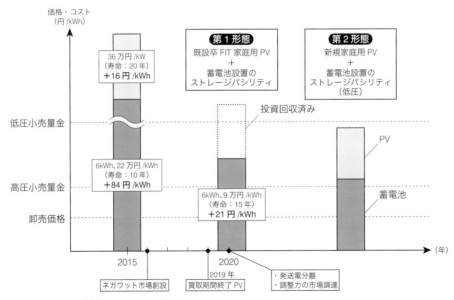

図3・21　PVの方向性　(出典：経済産業省)

8 卒FIT買取価格、8円前後か？

2018年11月時点では、買い手側が卒FIT電源の買電価格をいくらにすべきか検討している段階にあり、明言している企業は少ない。理由は、単純にプランが固まっていないことがあるが、現時点で買電価格やサービスの内容を提示すると、他の買い手は「もっと高い買取価格を提示するのでは」と牽制し合い、言わばオークションに近い状況となる可能性があるからだ。そんななか、太陽光パネルや蓄電池の有力販売店であり、電力事業等も手掛けるスマートテックが2018年6月26日、先陣を切って卒FITユーザー向けに買い取りサービス「スマートFIT」を公表した。買取価格は、通常価格8円/kWh、6月末から3か月限定で実施するキャンペーン価格では10円/kWhとしている。

他方、東京電力エナジーパートナーでは、FIT対象外となる再生可能エネルギーの発電電力に対し、10.86円/kWhという買取価格を提示している。ただし、国の方針や非化石価値市場など、料金設定の検討に必要な要素が明確になってから卒FITユーザーを対象とした買取価格を明示するとし、電気の預かりサービス等を実証しつつ、買取以外のサービスも踏まえた上で検討していくようだ。

ここで重要なことは、同社が提示するこの金額は、原油や液化天然ガスなど各燃料費の調整単価を加味した根拠に基づいた価格となっており、先のスマートテックの価格も踏まえると、今後卒FITの買取金額は8円/kWh前後をベースに検討されていくものと予想される。

そんななか、太陽光の屋根貸し（借り）やPPAサービスといった第三者保有モデル、蓄電池等の機器も活用したサービスで新電力への参画を狙う企業も出てきており、電力供給の構造や市場形態にも変化が見え始めた（図3・22）。

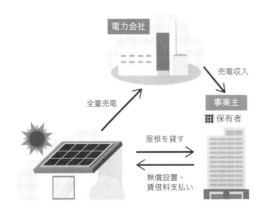

図3・22　太陽光の第三者保有モデルとPPA（出典：『月刊スマートハウス』の図を当社で修正）

第三者保有モデルとは、太陽光の導入者と所有者が異なる設置スキームのことである。なかでも屋根貸し（借り）は、住宅所有者が屋根を貸与し、そこに発電事業者が太陽光パネルを設置することで、施主は余剰電力を使用することができたり、屋根の賃貸料を得ることができたりするモデルを指す。一方のPPAとは「Power Purchase Agreement＝電力購入契約」の略で、施主はPVを無料で導入できる代わりに設備の所有者である発電事業者との間で電力契約を結ぶ。料金プランは比較的安価に設定されているケースが多く、利用者は安い電気料金で生活することができる。両スキームとも契約期間は10年など縛りがあるが、期間満了後には太陽光発電システムの所有権は発電事業者から施主に引き継がれる契約も多く、初期導入費用がかかる太陽光発電システムの欠点を補ったモデルとなっている。また、蓄電池がもつ、系統網の電力需給調整力を活用したサービスも構想されている。例えば、太陽光など再生可能エネルギーの発電電力が系統全体の電力需要より多い場合には蓄電池に充電し、逆に電力が足りない場合には放電する等、蓄電池によって系統網の安定化を図る。蓄電池導入者がこのような需給調整に協力した際、相応の対価やインセンティブを付与するサービスやプランが検討されている。同じ電力市場のなかでも、蓄電池など系統安定化に資する価値をやりとりする契約体系は、調整力市場と呼ばれており、こういった新たなサービスの登場とともに、これからの電力市場は複雑化してくることが見込まれる。

　とは言え、繰り返しとなるが、発電した電力を隈なく使い切ることさえできれば、何ら問題ではない。経済的メリットから見ても、売電価格が買電価格（24円/kWh程度）を超えない限り、自家消費した方が得になる。さらに、再生可能エネルギー賦課金など電気代の上昇を踏まえると、尚更太陽光の電力を有効的に活用し、できる限り買電を減らした方がよい（8は『月刊スマートハウスNo. 42』の記事を加筆、修正したものである）。

9　今後の給湯器はヒートポンプで決まりか？

　上記のとおり、11年目以降の売電価格はあまり期待できないため、経済産業省の示すとおりに宅内で直接消費していく、いわゆる自家消費が主流となることは間違いないだろう。

　例えば、現時点で自家消費率を向上させる方法は大きく二つある。

① 蓄電池を導入して、日没後も蓄電池経由で自家消費する。
② PVが発電している日中に電力消費を集中させる。

　①は蓄電池が必須となるため、導入コストが必要である。現時点で経済産業省としては、2020年目標として卒FIT住宅に蓄電池（9万円/kWh）を導入することは経済的なメリットがあると想定している。しかし、この9万円/kWhは海外製の蓄電池の参入価格を意識しており、国内の実勢価格とはかけ離れている。2018年時点で日本の蓄電池の価格は20万円/kWh前後である。メーカーは年々2割程度の値下げに努めているものの、市場への導入加速がなければ、2年以内に目標金額である現価格の半額程度に達することは相当難しい。

　次に②については、オール電化住宅等では蓄電池を導入するよりも、はるかに低コストで対応で

きる可能性が高い。そこで2019年問題の対策として改めて注目されているのが、ヒートポンプ型給湯器「エコキュート」だ。

エコキュートとは、**2-3**で説明したとおり、自然冷媒ヒートポンプを利用し熱効果により高効率で湯沸かしできる電気給湯器の呼称である。原発依存度の高い関西電力の想定では、細かな出力調整の苦手な原発から発生する豊富な深夜電力に需要を集中させることで、安価にお湯を沸かすことのできるシステムだ。同様の考え方で、買取期間終了後の自家消費方法の一つとして、PVの駆動する日中にエコキュートを運転することで、電気を熱に変えて自家消費するという使い方が、改めて注目されている。例えば、2017年6月7日に国立研究開発法人 科学技術振興機構（JST）が次の発表をしている（図3・23）。

「晴れた日の昼間に湯沸かし運転を行うことによって、従来の夜間運転に比べて、平均で年間5800円のコストメリットと、8％の省エネ効果をもたらすことがわかりました。このとき家庭用PV量の自家消費率は32％から45％へ増加し、家庭用蓄電池2～4kWh（キロワットアワー）を導入した時と同等の効果があることを確認しました。」

ヒートポンプ給湯機のデマンドレスポンス効果を評価
～太陽光発電の２０１９年度問題解決に期待～

ポイント
○ 家庭用太陽光発電システムの固定買取制度の終了に伴い、保有世帯の経済性の悪化が懸念されている。
○ ヒートポンプ給湯機と家庭用蓄電池の活用による太陽光発電システムの自家消費量拡大の効果について検討し、実データに基づいて経済性を評価した。
○ ヒートポンプ給湯機のデマンドレスポンス効果による将来の電力系統の柔軟性向上が 期待される。

JST 戦略的創造研究推進事業の一環として、東京大学 生産技術研究所エネルギー工学連携研究センターの岩船 由美子 特任教授らは、２０１９年問題への対応として、ヒートポンプ給湯機のデマンドレスポンスと家庭用蓄電池の活用による家庭用太陽光発電システムの自家消費量拡大の効果について評価を行いました。

２０１９年以降、家庭用太陽光発電システムの固定価格買取制度（FIT）による買い取りが終了し、買取単価が大幅に下落する太陽光発電の「２０１９年問題」が顕在化し、家庭用太陽光発電保有世帯の経済性が悪化することが懸念されています。

本研究グループは、２０１９年問題への対応として、ヒートポンプ給湯機のデマンドレスポンスと家庭用蓄電池の活用を目的とし、ヒートポンプ給湯機、蓄電池の予測―計画―運用モデルを構築し、357世帯の実電力消費量データを用いて分析を実施しました。その結果、給湯機の最適な運用、すなわち、晴れた日の昼間に湯沸かし運転を行うことによって、従来の夜間運転に比べて、平均で年間５８００円のコストメリットと、８％の省エネ効果をもたらすことが分かりました。このとき家庭用太陽光発電量の自家消費率は３２％から４５％へ増加し、家庭用蓄電池２～４kWh（キロワットアワー）を導入した時と同等の効果があることを確認しました。本研究で提案するヒートポンプ給湯機の最適運用機能が、すでに普及している製品の改造や新規導入によって実現されると、家庭用太陽光発電システムが大量普及していく日本では、デマンドレスポンスによる系統の柔軟性向上と、同時に省エネ効果を実現することが可能となります。

本研究は、株式会社デンソーの金森 淳一郎、榊原 久介と共同で行い、環境省の支援を受けました。また、積水化学工業、株式会社ファミリー・ネット・ジャパン、トヨタホームからのデータ提供の協力を受けました。

本研究成果は、２０１７年６月６日（英国時間）にエルゼビア社の科学誌「Energy Conversion and Management」のオンライン版に公開されました。

本成果は、以下の事業・研究領域・研究課題によって得られました。
戦略的創造研究推進事業 チーム型研究（CREST）
研 究 領 域：「分散協調型エネルギー管理システム構築のための理論及び基盤技術の創出と融合展開」
（研究総括：藤田 政之 東京工業大学 教授）
研究課題名：「分散協調型EMSにおける地球科学情報の可用性向上とエネルギー需要モデルの開発」
研究代表者：中島 孝（東海大学 教授）
研 究 期 間：平成２７年４月～平成３２年３月

図3・23 ヒートポンプ給湯機のデマンドレスポンス効果を評価
（出典：国立研究開発法人 科学技術振興機構「科学技術振興機構報 第1259号」より抜粋。下線は編者が追加）

JSTの研究では、夜間電力の単価を16円/kWh、売電期間終了後の売電単価を10円/kWhと仮定しているが、仮に8円と想定すると、差は8円/kWhとなり、年間7680円の経済メリットとなる（図3・24）。また、今後さらに夜間電力単価が高くなった場合には経済メリットはさらに上積みされることになる。元々夜間電力が昼間電力よりも安い単価に設定されているのは、夜間の電力の需給量が昼間と比較して少なくなるということと、関西電力のように原子力発電の余剰電力を活用するのが前提だからだ。しかし、福島第一原発の事故の影響から世論の反発は強く、原発再稼働の難易度は高い。つまり、深夜電力を安価にする前提が崩れている状態だ。

以上のさまざまな状況を鑑みると、PVを所有している場合、今後、給湯器を交換する際には、PVと連携できるヒートポンプ式給湯器がエネルギーマネジメントにおいて有効となる。

なお、蓄熱によるPV電力のエネルギーシフトについて、高断熱住宅＋ヒートポンプ式空調機でも似たような効果が期待できる。標準的な熱容量（大壁式壁紙仕上げ等）の住宅では、外気の温度変化からおおよそ3〜6時間ほど遅れて室温変化に影響が及ぶ。そこで、PVの余剰電力が発生する昼間の時間帯に空調機（冷暖房）を運転させておくのである。つまり、太陽光で発電できない夜に備えて、あらかじめ室内を冷やす、または暖めておくことで、夜間の運転率を下げることができ、自家消費率を高める冷暖房が可能となるわけだ。さらにHEMSを導入することで、天気予報や発電量等の情報を元に、PVと空調機を自動で連携制御することができ、より便利で効率的な運転が可能になる。こういったIoT技術が一般化すれば、高断熱住宅における標準的な省エネ手法として確立できるだろう。

IoTやこれに付随する省エネは、建築分野との相性がよく、これからの住まいをかたちづくる要素として、重要な役割を担うことだろう。メーカー各社の今後の製品やサービスの開発、またIoT技術を活かした住宅事業者の創意工夫に期待が膨らむ。

10 EVの導入による自家消費率の向上

新たに創設されたZEH＋の要件に電気自動車（EV）の充電設備が追加されたことが、業界内で話題となっている。最後に住宅とEVの関係についても少し触れておきたい。

2-3でも説明したとおり、Vehicle to Home（V2H）とは、EVやプラグインハイブリッド自動車（PHV）、燃料電池車（FCV）等の自動車が蓄電池に蓄えた電力を家庭用電力として利用するシステムを指す。前述のとおり、一般的に深夜電力は昼間の電力に比べて安価なため、V2Hによって深

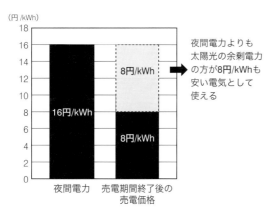

図3・24　夜間電力と売電期間終了後の売電価格の差額

夜電力を EV に充電し、日中の住宅における電力を EV からまかなう方法が活用されている。深夜電力と日中の電力の価格差がなくなってきた電力料金体系も現れてきたが、未だ、昼夜の電力料金差は顕著である電力会社も多い。また、非常時には系統電力や蓄電池とつなぐことができる V2H も登場するなど、イニシャルコストはまだまだ高価であるが、その利用法に期待が寄せられている。

さらに、卒 FIT 後においては売電価格と買電価格に大きな価格差が発生する可能性があるので、改めて V2H が注目されている。

例えば 5kW の PV が搭載された住宅において、一般的な自家消費率は 25〜30％前後になる場合が多いので、仮に多めの 30％としても 70％も電力が余っている。この 70％を EV に貯めて走行すると、都市部で約 2.5 万〜3 万 km、地方では約 3 万〜3.5 万 km ほど走行できる計算になる。一般的な自家用車の年間走行距離は 1 万 km なので、自家消費率を 25〜30％ほど押し上げ、買わずに済んだガソリン代は売電機会損失を相殺しても約 5 万〜7 万円ほど経済的なメリットが享受できる計算だ。土日レジャー等が中心の家庭でも平均的な走行距離を年間約 5000km で仮定すると、12〜15％の自家消費率の向上が期待できる。同じく、買わずに済んだガソリン代は 2 万 5000〜3 万 5000 円ほどになるだろう（145 円／ℓ 換算）。

また、EV に搭載された蓄電池（40kWh）は家庭用蓄電池（5kWh）と比較してかなり大きな容量をもっているため、うまく活用できると地域電力の系統安定化に貢献できる可能性もある。電力サービスの進んだ諸外国の例から予想すると、今後は日本でも、EV の蓄電池の一定割合を系統安定化のために切り分けて提供する見返りとして、購入電力が安くなるプランや、スマートフォンのデータ定額のようにどれだけ使っても電気料金が定額になるプラン、EV の本体価格が割安になるプラン等、多様な電力サービスが登場することが見込まれる。系統連系できる駐車場をもつ戸建住宅だからこそ、PV と EV の連携による多様な電力サービスが受けられる日は近い。

将来の選択肢を狭めないためにも、EV を今はもっていなかろうが、ZEH ＋の補助金がなかろうが、駐車場付きの戸建住宅を新築するなら EV コンセントは必ず設置しておくべきだろう。

column 4
気候変動対策と世界の動向

　2017年11月、気候変動枠組み条約第23回締約国会議（COP23）がドイツのボンで開催された。今回の主な論点は、前々回のCOP21で採択され、2016年11月に発効されたパリ協定の制度整備を目指した各国の準備期間と位置づけられている。パリ協定以後、世界は脱炭素革命へと大きく舵を切り、さらに気候変動対策のリスクに取り組むことを積極的にビジネスチャンスと捉え、向き合おうとする流れになっている。世界の投資は脱炭素化に取り組む企業や団体へと大きく変化している。

　一方、日本の企業や自治体はいささか消極的に見える。例えばアメリカでは、トランプ大統領がパリ協定離脱を表明したのに対し、民間から「We Are Still In（私たちは離脱していない）」という声明が出され、COP23にはアメリカ連邦政府の代わりにパビリオンを出展した。また、2500以上の企業や自治体等がパリ協定の支持を表明している。もし日本がパリ協定から離脱したら、このような規模の運動が起きるだろうか。COP23のビジネスカンファレンスに参加した日本の企業は合計12社である。

　こうした世界の流れはSDGsやESG投資とも連動している。SDGsとはSustainable Development Goals（持続可能な開発目標）の略で、2015年9月の国連総会で採択された文書で示された行動指針である。具体的には、持続可能な開発のため、貧困や教育、人権、気候変動対策、環境保護に対する17のグローバル目標と、その目標に対する具体的な達成評価等の169の項目からなる。この指針がどのように私たちのビジネスに関わるのか。まず、企業を主要な実施主体の一つと位置づけるため、さまざまな投資原則や報告基準等が求められることになる。さらに、バリューチェーンや関連企業にもその事業活動の検証やSDGsの遵守が求められることが予想される。つまり、中長期的な企業価値の向上手段として、イノベーション等によってSDGsがもたらす市場機会を獲得していくことが重要となる。

　また、ESG投資とはEnvironment（環境）、Social（社会）、Governance（統治）の三つの要素を判断基準に、優れた経営を行う会社に投資することを意味する。SDGsに賛同する企業は、その共通価値を目指すことにより事業機会が増え、上場企業の運用を行う運用会社（機関投資家等）は国連責任投資原則（PRI）に賛同し、ESG投資を行うことで新たなる投資機会が増えるという構造になっている。投資先の企業の取り組みが十分でなければ改善を求められ、改善を求めた企業の対応が不十分だと判断した場合は投資を撤退する等、実際に厳しい措置が取られている。

　ESG投資に関わる運用額はすでに世界で2500兆円、世界の全投資額の4分の1に達している。その過半は欧州であり、取り組みの積極性がうかがえる。日本において気候変動や貧困、人権といった問題は抽象度が高いように感じるが、世界では今や直接ビジネスと関わる問題となっている。

　こういった世界の潮流から、住宅の省エネルギー化、ZEH化への流れは、突き詰めると技術の問題ではなく、感性、リテラシー、国際感覚の3点が根元的に重要だと考えられる。つまり、気候変動や温暖化の問題を自分ごともしくは他者への配慮として感じられるか、住宅や建設業に携わる私たち個人がこの意味を理解・修得し活かせるか、そして、この脱炭素化の世界の流れや、ビジネスチャンスとして動き出している現状を肌感覚として感じられているかどうかである。（金田）

column 5
ドイツのプラスエネルギーハウスと再生可能エネルギー

　EUでは、再生可能エネルギーの普及や省エネルギーに関して早くから具体的な目標を掲げている。2010年の欧州議会および理事会指令において、公共建築物は2019年1月から、2021年1月以降は建築物の規模や住宅・非住宅を問わず、すべての新築の建築物を、全加盟国においてニアリー・ゼロ・エネルギー（nearly zero-energy building、以下nZEB）化することを決定した。

　こうしたEU全体の流れと並行して、ドイツでは、国内にすでに数万存在するプラスエネルギーハウスのうち約40件において、連邦環境・自然保護・建設・原子炉安全省が、研究目的のモニタリングを行っている。ドイツ型のプラスエネルギーハウスは、躯体の高い断熱性能（U_A値 $0.2W/m^2・K$台）を中心とした建物の省エネルギー化を徹底して行い、その上で最適化された設備と再生可能エネルギーを活用して設計されている。すでに自宅の屋根でつくる電力が、系統から購入する電力よりも格段に安く、自家消費の時代へと移っているドイツでは、大規模な風力や太陽光発電設備からの余剰電力も大量に発生している。そこで自家消費率を上げることが、建物単体としても、街全体としても重要なテーマとなっている。余るのなら蓄電という発想になるが、蓄電池はコストが高い上に、単体でプラスエネルギーを達成しようとすると膨大な容量が必要になってしまう。

　そこで、再生可能エネルギーの余剰電力をお湯に変えて貯湯・利用する「パワートゥヒート（Power to Heat）」によって大規模な街区全体に地域熱供給を行う街区等もある。また、各地に分散している小さな発電設備や蓄電設備等が連携し、一つの発電所のように利用、まとめて制御することで、電力の需要バランス調整に役立てる「仮想発電所（バーチャルパワープラント：VPP）」が、すでに100以上の事業者で商用化されている。一か所では不安定な再エネ発電も、さまざまな地域の多様な電源を集め、広範囲に連携することができれば、発電量が平準化され柔軟性が高まるのだ。日本でも再エネの導入量をさらに拡大するために政府や経済産業省がVPPを活用していくことが決定された。2018年度のZEH支援事業の概要でも、①高断熱化仕様の採用、②高度エネルギーマネジメントシステムの搭載、③電気自動車などの充電用専用コンセントの搭載の3要件のうち二つを満たす必要があり、高度エネルギーマネジメントシステムについてはVPPの通信規格の相互接続可能な認証を取ることが求められている。

　ドイツのVPPにおいては電力システムに介在する需給調整責任会社が主ではあるが、ZEHに関連する分野として、家庭用蓄電池の販売とVPPを組み合わせて成功を収めたのがゾンネン社である。同社の蓄電池システムにはスマートメーターが内蔵されており、全国各地の気象予測と各家庭の需要をネットワーク化し、小型の蓄電池でありながら各家庭の自己消費率を最大8割程度まで上げ、系統から購入する電力量を最小化できる。また、自家発電の余剰電力を売電し、別の会員がその電力を購入できる「ゾンネン・コミュニティ」を構築した。すでに全世界で3万世帯に設置されている。ゾンネン社は、オーストリア、スイス、イタリアやアメリカの一部でもゾンネン・コミュニティを展開、拡大し、小規模ながら多数のバッテリー同士が需給調整を行い系統安定化に寄与する新しいビジネスモデルが確立されている。日本においても全国のZEHがこのようなネットワークの集合体となる未来はそう遠くない。（金田）

付録　ZEHに関する諸制度

建築物省エネ法

　「建築物のエネルギー消費性能の向上に関する法律」（建築物省エネ法）は、2015年7月に成立した比較的新しい法律である。従来の省エネ法（エネルギーの使用の合理化等に関する法律）のなかの住宅・建築物に係る内容が切り出され、新たに多くの内容が盛り込まれた。

　図1にあるように、規制措置と誘導措置から構成されており、誘導措置は2016年4月、規制措置は2017年4月からの2段階に分けて施行された。

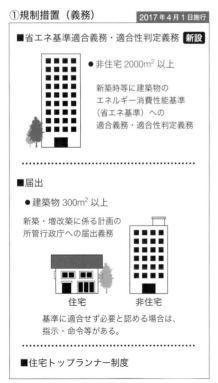
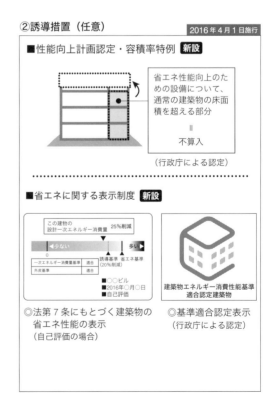

図1　建築物省エネ法の構成　(出典：国土交通省)

省エネルギー性能表示努力義務

2015年4月より施行された誘導措置において、図2に示すように、建築物省エネ法第7条に、「建築物の販売・賃貸を行う事業者は、その販売または賃貸を行う建築物について、省エネ性能を表示するように努めなければならない。」と省エネ性能表示が努力義務として定められている。また、表示の方法は、①BELS（第三者認証）、②自己評価によるもの、③法36条第3項に基づく基準適合認定マーク（eマーク）のいずれかによるものとされている。

さらに同法に基づく「建築物のエネルギー消費性能の表示に関する指針」において、不動産事業者は、建築物への省エネ性能の表示および不動産の売買若しくは賃貸借契約を行う際には相手方に対して省エネ性能の説明を行うように努めることが求められている。

省エネ性能表示制度は、省エネ性能の見える化を通じて省エネ性能に優れた建築物が市場で適切に評価され、消費者に選択されるような環境整備を図ることを目的としている。そのためには信頼性の高い評価指標や第三者の認証による建築物のエネルギー消費性能の表示制度の充実および普及が有効である。

表示制度の普及により、建築主に対して省エネのインセンティブが付与され、建築物のエネルギー消費性能の向上につながることが期待される。

建築物省エネ法第7条　販売・賃貸事業者の表示の努力義務

建築物の販売・賃貸を行う事業者は、その販売又は賃貸を行う建築物について
省エネ性能を表示するよう努めなければならない。
※既存・新築、住宅・非住宅問わず努力義務対象になる。

①第三者認証を受けた場合、かつ一次エネルギー消費量等を表示する場合（BELS想定）

②それ以外の場合、かつ一次エネルギー消費量等を表示する場合（Webプログラムによる出力表示を想定）

③法第36条認定を取得し、基準適合している旨の**行政庁認定マーク**

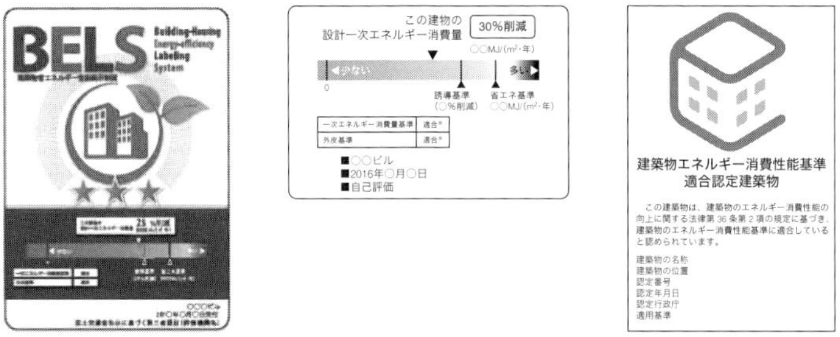

図2　誘導措置における省エネ性能表示努力義務

BELS

　BELSは、Building-Housing Energy-efficiency Labeling system（建築物省エネルギー性能表示制度）の略称で、図3に示すように新築、既存建築物において、（一社）住宅性能評価・表示協会に登録されたBELS評価機関が、国土交通省の「建築物のエネルギー消費性能の表示に関する指針」に基づき、省エネルギー性能に関する評価・表示を行う制度である。

（1）BELSの評価ランク

　BELSの評価は、図4に示すように評価対象建築物のBEIにより、それぞれの☆の数でラベリングされる。BEIとは家電やOA機器等のその他一次エネルギー除く、設計一次エネルギー消費量を基準一次エネルギー消費量で除することで求めらる。

　☆の水準は図4に示すように、BEI1.0以下（省エネ基準相当）の場合☆2つとなり、住宅はBEI0.9以下で☆3つ、BEI0.85以下で☆4つ、BEI0.8以下で最高等級の☆5つの評価となる。なおBEI値が1.1以下の場合、既存建築物のみ☆1つが与えられる。

　また、BEIの0.8以下とZEHの要件である一次エネルギー消費量の削減率については、再生可能エネルギーの計算方法が違っているということに注意されたい。表1に示すようにBEIについては、設計一次エネルギー消費量に再生可能エネルギーの自家消費分のみ含

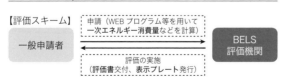

図3　BELSの概要
建築物のエネルギー消費性能の表示に関する指針に基づく第三者認証。

図4　BELSの評価ランクとBEI

まれているのに対し、ZEH の計算では再生可能エネルギーを含まずに 20％以上の削減と、自家発電分と売電分を全て含んで 100％以上（75％以上は Nearly ZEH）の削減が求められている。

（2）BELS の表示内容

　BELS の表示プレート（図 5）は、☆の下に、一次エネルギー削減率（設計一次エネルギー消費量が基準一次エネルギー消費量から削減された割合）が表示される。また、その下の緑から赤色のバーには、基準一次エネルギー消費量と誘導基準一次エネルギー消費量と設計一次エネルギー消費量の関係がわかるように図示される。さらにその左下には、一次エネルギー消費量および外皮性能の省エネ基準への適合可否の表示、外皮基準において適合の場合は、非住宅部分の BPI の値や住戸部分の U_A 値または η_{AC} 値の表示が可能となっている。

表 1　BELS と ZEH の太陽光発電設備の考え方の違い

BELS	BEI 0.8 以下 ★★★★★	太陽光（自家消費分）含んで 20％削減
ZEH	一次エネルギー消費量 20％以下削減	太陽光含まず 20％削減
	一次エネルギー消費量 100％以下削減	太陽光（自家消費分＋売電分）含んで 100％削減

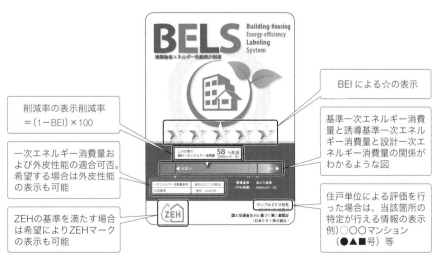

図 5　BELS の表示内容

付録　ZEH に関する諸制度

　建物全体の評価だけではなく、テナント単位や共同住宅の住戸単位の評価取得も可能で、その場合は、建物名称の欄に当該箇所の特定が行える情報が表示される。
　また、ZEH 基準を満たす場合は BELS への表示ができる。

3）『ZEH』、Nearly ZEH、ZEH Oriented、ゼロエネ相当

　BELS では『ZEH』「Nearly ZEH」「ZEH Oriented」「ゼロエネ相当」の表示が可能である。ZEH の定義と BELS プレートへの表示の関係、およびそれぞれの外皮基準と一次エネルギー消費量水準は表 2 のとおりだ。
　例えば、ZEH の定義における狭義の『ZEH』（再生可能エネルギーを加え、一次エネルギー消費量 100％以上削減）の場合、ZEH マークと「ゼロエネ相当」の二つが表示される（図 6）。一方で Nearly ZEH（再生可能エネルギーを加え、一次エネルギー消費量 75％以上 100％未満削減）や、ZEH Oriented（再生可能エネルギーを導入せずに一次エネルギー消費量 20％以上削減）の場合は ZEH マークのみ表示される。

表 2　ZEH、Nearly ZEH、ZEH Oriented、ゼロエネ相当の表示方法

BELS プレートへの表示	外皮基準	一次エネルギー消費量の削減量		ZEH の定義
		再生可能エネルギー除き	再生可能エネルギー加え	
ZEH マーク ＋ ゼロエネ相当	ZEH 基準	20％以上の削減	100％以上の削減	『ZEH』
ZEH マーク	ZEH 基準	20％以上の削減	75％以上 100％未満の削減	Nearly ZEH
		20％以上の削減（再生可能エネルギーの導入なし）		ZEH Oriented
ゼロエネ相当	省エネ基準	20％以上の削減	100％以上の削減	―

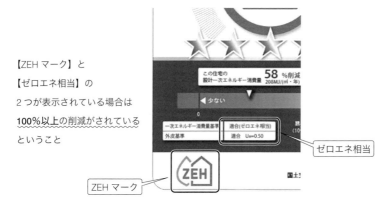

【ZEH マーク】と【ゼロエネ相当】の 2 つが表示されている場合は 100％以上の削減がされているということ

図 6　ZEH、Nearly ZEH の表示内容

※1 （一社）環境共生住宅推進協議会（KKJ）HP ☞ https://www.kkj.or.jp/

BELS 工務店

　国土交通省の補助事業である 2017 年度の地域型住宅グリーン化事業のグループ募集における省エネルギー措置についての新しい取り組みで、省エネ性の高い住宅を提供する地域工務店に対する制度である。

　地域型住宅グリーン化事業の高度省エネ型（ゼロエネルギー住宅）の採択の評価の視点・ポイントにおける高度省エネ型のグループ別提案について BELS 認証の普及の観点から、以下の要件を満たす施工事業者を BELS 工務店とし、BELS 工務店の割合が多いグループに優先的に配分するというものである。

　BELS 工務店の詳しい内容等は（一社）環境共生住宅推進協議会（KKJ）のホームページ[※1]を参照されたい。

(1) BELS 工務店の要件

① 自社で建設する物件において BELS 表示を取得した経験があること。
② 2020 年までに自社で建設する全物件に BELS を表示することを目標に掲げること。
③ 毎年度、自社物件の BELS の表示割合について報告すること（少なくとも 2020 年まで）。
④ 国土交通省等が行う BELS 普及の取り組みに協力すること。

　現在、BELS の取得の多くは大手ハウスメーカーによるが、この制度により地場工務店による長期優良住宅と併せた省エネ性能の表示が普及していくことが期待されるところである。

ZEHビルダー／プランナー制度

　自社が受注する住宅のうちZEHが占める割合を2020年までに50%以上とする事業目標を掲げるハウスメーカー、工務店、建築設計事務所、リフォーム業者、建売住宅販売者等をZEHビルダー／プランナーと呼ぶ。(一社)環境共生イニシアチブのZEHビルダー／プランナー登録公募に応募することでZEHビルダー／プランナーになることができる。

　ZEHビルダー／プランナーに認定されることがネット・ゼロ・エネルギー・ハウス支援事業の前提になるため、支援事業に公募する住宅事業者はZEHビルダー／プランナー登録を行う必要がある。注文住宅・建売住宅・既存改修の三つのカテゴリーごとに申請する必要があり、自社が必要なカテゴリーで申請を行うことになる。1事業者で、「注文住宅」「建売住宅」「既存改修」の複合区分について登録することも可能で、その際は異なる住宅種別間で目標数値の融通を行うことができる。

(1) ZEHビルダー／プランナーの登録要件

　ZEHビルダー／プランナーに登録されるためには、以下の五つの要件を満たす必要がある。

① ZEH普及目標を有していること。2020年度までの各年度におけるZEHの普及目標も併せて設定する必要があり、2020年度が50%以上であれば、それ以前は50%以下でもよい。
② ZEH普及目標を自社ホームページ、会社概要または一般消費者の求めに応じて表示できる書類等で公表すること。
③ ZEH普及目標の達成に向けて、具体的な普及策を有していること。
④ ZEHの実績を報告するとともに、報告事項の一部を自社ホームページ、会社概要または一般消費者の求めに応じて表示できる書類等でZEH普及目標と併せて公表することに合意すること。
⑤ 経済産業省の所管補助金交付等の停止および契約に係る指名停止措置を受けていないこと。

※2　(一社) 一般社団法人環境共創イニシアチブ (SII) HP　☞　https://sii.or.jp/

(2) ZEH ビルダー／プランナーマーク

ZEH ビルダー／プランナーについては、(一社) 環境共創イニシアチブ (SII) が運用するZEH マークを利用することが可能となる (図7)。

この ZEH ビルダー／プランナーマークは ZEH のブランド化の一環として、ZEH ビルダー／プランナーをアピールするために作成されたもので、ZEH の特徴である「快適な屋内環境」を「住みやすい家」というモチーフで、「省エネルギーな暮らし」をエコを象徴する「葉っぱ」というモチーフで表現し、両モチーフを一体化したものとなっている。

ZEH ビルダー／プランナーおよび ZEH ビルダー／プランナーマークの詳しい利用方法等は (一社) 環境共創イニシアチブ (SII) のホームページを参照されたい[※2]。

図7　ZEH ビルダーマーク (左)　ZEH プランナーマーク （出典：(一社) 環境共創イニシアチブ）

編・著者紹介

【編者】

一般社団法人 ZEH 推進協議会
国の政策目標である ZEH の普及に貢献する事業者を支援するために設立された民間団体。経済産業省の ZEH ロードマップ検討委員会にも参画。会員として一般会員（ZEH ビルダー・プランナー）、賛助会員（メーカー、流通等）、協力会員（業界団体等）により構成され、ZEH ビルダー会員約 230 社の新築戸建住宅の年間供給戸数は約 1 万棟を超える。

【著者】

荒川　源（あらかわ・げん）　　［担当：2-3、2-4、3-2］
1980 年兵庫県生まれ。2007 年、工業・化学系業界専門誌の出版社へ入社、2011 年に太陽光発電システム業界専門誌の編集長就任。2014 年、㈱アスクラストを設立、『月刊スマートハウス』を創刊。2017 年、(一社) ZEH 推進協議会 理事・事務局長に就任。

今泉太爾（いまいずみ・たいじ）　　［担当：2-2、3-2］
1978 年生まれ。2001 年、東海大学工学部卒業。(一社)日本エネルギーパス協会代表理事。築年数で価値が決まってしまう日本の建物評価制度に疑問を持ち、世界基準のサスティナブル建築開発に邁進。国土交通省不動産流通活性化フォーラム、住宅のエネルギー表示の在り方の研究会委員、日独国土交通省共同プロジェクト委員、長野県環境審議会地球温暖化対策専門員などを歴任。

小山貴史（おやま・たかし）　　［担当：まえがき、全体監修］
1964 年熊本県生まれ。1987 年、京都大学工学部卒業。2004 年エコワークス㈱（福岡市）を創業。(一社) ZEH 推進協議会代表理事、経済産業省 ZEH ロードマップ検討委員会委員、環境省クールチョイス省エネ住宅 WG 委員。著書に『未来の子どもたちを守る家―ゼロ炭素社会の住まいづくり』（創樹社）。

金田真聡（かねだ・まさと）　　［担当：コラム］
1981 年生まれ。2007 年、法政大学大学院修了。ドイツ・ベルリン在住。建築家。建設会社設計部に 5 年間勤務した後、2012 年からドイツ・ベルリンに移住し現地設計事務所に勤務。2016 年に日独を結んで活動する設計事務所 EA partners を設立。2018 年に持続可能な建築・街づくりを目指す人材育成・コンサルティング会社 ASOBU GmbH をドイツ・ベルリンに設立。

小林直昌（こばやし・なおまさ）　　［担当：2-5］
1961 年福島県いわき市生まれ。1983 年、日本大学建築学部卒業。1983 年から建築設計活動を開始し、主に戸建住宅においてエネルギー・温熱環境の設計活動を行う。

高橋　彰（たかはし・あきら）　　［担当：2-1、2-2、全体監修］
1966 年生まれ。1989 年、千葉大学工学部建築工学科卒業。住まいるハウジング㈱代表取締役社長。㈱リクルート、㈱UG 都市建築、㈱三和総合研究所（現三菱 UFJ リサーチ＆コンサルティング）、日本 ERI ㈱省エネ企画推進部副部長、㈱WELLNEST HOME 等を経て現職。(一社) ZEH 推進協議会運営委員、(一社) 日本エネルギーパス協会広報室長、(一社) クラブヴォーバン企画室長。

畫場貴之（ひるば・たかゆき）　　［担当：2-5、付録］
1976 年生まれ。2001 年、日本大学大学院工学研究科修士課程修了。都内の設計事務所、及び地元岩手の建設会社にて営業・設計・現場管理を担当した後、2007 年より日本 ERI ㈱勤務。現在、評価企画部主査。全国で省エネ住宅に関する勉強会やセミナーを行っている。

松尾和也（まつお・かずや）　　［担当：3-1、3-2］
1975 年兵庫県出身。1998 年、九州大学工学部建築学科卒業。㈱松尾設計室代表取締役、(一社) パッシブハウスジャパン理事、JIA 登録建築家 APEC アーキテクト。「健康で快適な省エネ建築を経済的に実現する」ことをモットーに、設計活動の他、住宅専門紙への連載や「断熱」「省エネ」に関する講演も行なう。受講した設計事務所、工務店等は延べ6000 社を超える。2009 年パッシブハウスジャパン設立。2005 年「サスティナブル住宅賞」受賞。著書に『ホントは安いエコハウス』（日経BP 社）、『新しい家づくりの教科書』『これからのリノベーション』（共に新建新聞社）。

執筆協力者

[case 1]
田村寛治 ───── アイ・ホーム株式会社

[case 2]
金矢瑞明 ───── 株式会社低燃費住宅九州

[case 3]
石山辰巳 ───── 五光ハウジング株式会社

[case 4]
迎川利夫 ───── 相羽建設株式会社

[case 5]
城戸健一朗 ───── 株式会社アールデザイン

[case 6]
藤山直之 ───── 株式会社 WELLNEST HOME
小林直昌 ───── (前掲)

[case 7]
須郷友恵 ───── 株式会社リアルウッド
須郷裕貴 ───── 株式会社リアルウッド

[case 8]
齊藤克也 ───── 棟晶株式会社

[2-5 資料編監修]
布井洋二
　(一社) ZEH 推進協議会 運営委員、旭ファイバーグラス㈱営業管理部 主幹 渉外技術担当部長

健康・快適なZEHのつくり方
工務店と設計者の新常識

2019年2月10日　第1版第1刷発行

編　者………一般社団法人　ZEH推進協議会
著　者………荒川 源、今泉太爾、小山貴史、金田真聡、
　　　　　　小林直昌、高橋 彰、壹場貴之、松尾和也
発行者………前田裕資
発行所………株式会社学芸出版社
　　　　　　京都市下京区木津屋橋通西洞院東入
　　　　　　電話 075-343-0811　〒600-8216
　　　　　　http://www.gakugei-pub.jp/
　　　　　　info@gakugei-pub.jp

装　丁………フルハウス
印刷・製本…シナノパブリッシングプレス
編集協力……村角洋一デザイン事務所

Ⓒ ZEH推進協議会ほか　2019　　　　　　　　　　Printed in Japan
ISBN 978-4-7615-2695-5

JCOPY〈(社)出版者著作権管理機構委託出版物〉

本書の無断複写（電子化を含む）は著作権法上での例外を除き禁じられています。複写される場合は、そのつど事前に、(社)出版者著作権管理機構（電話03-5244-5088、FAX 03-5244-5089、e-mail: info@jcopy.or.jp）の許諾を得てください。
また本書を代行業者等の第三者に依頼してスキャンやデジタル化することは、たとえ個人や家庭内での利用でも著作権法違反です。

好評発売中

建築物の省エネ設計技術 省エネ適判に備える

「建築物の省エネ設計技術」編集委員会 著／大阪府 監修
B5変判・192頁・本体3200円＋税

2020年までに進められる建築物の省エネ基準適合義務化を見据え、建築実務者はどう対応すべきか。本書では、省エネの動向を踏まえ、技術と設計手法、効果をフルカラーでビジュアルに解説するとともに、住宅から超高層ビルまで、最新技術を取り入れた事例を掲載。適合判定申請に必要な情報をまとめた手引書にもなっている。

集合住宅の騒音防止設計入門

安藤 啓・中川 清・縄岡好人 他著
A5判・160頁・本体2400円＋税

年間10万戸が新築されるマンションをはじめとする集合住宅は最も騒音トラブルが発生しやすい。本書は、ゼネコン出身の音響設計のプロが蓄積してきたトラブル事例やノウハウを結集し、交通・生活・設備から発生する各種騒音の原因から、騒音を防止する対策と効果までわかりやすく解説。設計・施工の実務に役立つ入門書。

改訂版 イラストでわかる空調の技術

田ノ畑好幸 改訂監修／中井多喜雄・石田芳子 著
B5判・216頁・本体3000円＋税

親しみやすい文章とイラストで、初心者にわかりやすいと大好評。空気調和設備のしくみと考え方を学ぶ一番やさしい入門書として、現場の技術者やメンテナンスの方に読み継がれてきたテキスト待望の改訂版。最新データや法規に準拠し、イラストも含めて改訂するとともに、耐震や環境に配慮した新しい設備についても加筆した。

改訂版 イラストでわかる給排水・衛生設備の技術

田ノ畑好幸 改訂監修／中井多喜雄・石田芳子 著
B5判・200頁・本体3000円＋税

安全な飲料水の提供、最適な下水処理、適切な衛生器具、安心なガス設備等、給排水衛生設備のしくみを学ぶ入門書として、現場のエンジニアに読み継がれてきた書、待望の改訂版。親しみやすい文章とイラストで、一番わかりやすいと大好評。最新データや法規に準拠し、省エネ・省資源対応の新しい機器・器具についても解説した。

コミュニティと共生する地熱利用 エネルギー自治のためのプランニングと合意形成

諏訪亜紀・柴田裕希・村山武彦 編著／江原幸雄・安川香澄・錦澤滋雄・馬場健司・木村誠一郎・上地成就・山東晃大・長谷川明子 著

A5判・240頁・本体2500円＋税

規制緩和や技術革新により各地で導入が進む地熱発電。本書は地熱資源の基礎解説に始まり、優れた合意形成で地域と共生する国内事例から、事業化を支える制度設計に踏込む海外事例まで、エネルギー自治の為のプランニング手法を網羅。開発有望地の自治体、温泉事業者、開発業者や研究機関まで、あらゆる当事者に役立つ入門書。

小さなエネルギーで豊かに暮らせる住まいをつくる エネルギー半減をめざす1985アクション

野池政宏 著

四六判・188頁・本体1800円＋税

「家庭の省エネ＝我慢、面倒」ではない。太陽光発電だけでもない。きちんとした情報を持てば、ちょっとした工夫で日々の暮らしを快適にしつつ省エネができる。これまで住まいの省エネに取り組んできた著者が、自然を取り込む工夫、暮らしの知恵、無理のない省エネ技術を、実例も交えながら解説。藻谷浩介らとの対談も必読。

エネルギー・ガバナンス 地域の政策・事業を支える社会的基盤

的場信敬・平岡俊一・豊田陽介・木原浩貴 著

A5判・200頁・本体3200円＋税

2016年に発効したパリ協定により、世界は脱炭素へと大きくシフトした。欧州には、原発や化石燃料に依存しないエネルギー自立を目指す地域が多数ある。エネルギーを中心に据えて経済と暮らしを豊かにする「地域経営」を、政策設計・事業スキーム・組織づくりから解説。ドイツ・オーストリア・スイス・日本の先進地を多数紹介。

なぜドイツではエネルギーシフトが進むのか

田口理穂 著

四六判・208頁・本体2000円＋税

国民の総意により脱原発を宣言したドイツ。再生可能エネルギーが電力消費量の約3割を占めるまでに普及しているのはなぜか。それは人々の環境意識が高いだけでなく、投資が報われる仕組みや法制度が支えている。市民、企業、行政がどんな取り組みをしているのか、ドイツ・ハノーファー在住の著者が、市民目線で最前線を紹介する。

エネルギーの世界を変える。22人の仕事 事業・政策・研究の先駆者たち

諸富徹 監修／若手再エネ実践者研究会 編著

四六判・204頁・本体1800円＋税

自分たちのエネルギーは自分たちでつくる！　温泉地で地熱、山間地でバイオマス、郊外住宅地で太陽光……地域の経済を回す地域の仕事から、メガソーラー建設やインフラ革新などのビッグビジネス、さらには地域融資や事業支援、制度設計や政策提言などの舞台裏まで。各々の立場で知恵を絞り一歩でも前へ！　若手渾身の書下ろし。

都市エネルギーシステム入門 住宅・建築・まちの省エネ・低炭素化

下田吉之 著

A5判・264頁・本体3100円＋税

断熱など基本的な技術からコジェネレーション、スマートグリッド等の最新技術を含め、全体として効率が良くバランスの良いシステムを、建物、街区レベルでいかに作り上げるか、需要のあり方も含め基礎から解説。行政・都市・建築・機械・ガス・電気・情報・エネルギーの分野を横断した教科書。技術者・政策関係者必読の書。